STARK

REALSCHULE 2014

Abschluss-Prüfungs-
aufgaben mit Lösungen

Englisch

Baden-Württemberg

2007–2013

STARK

ISBN 978-3-8490-0554-2

28. ergänzte Auflage
www.stark-verlag.de

Inhalt

Übungsaufgaben

Abschlussprüfungen

Jeweils im Herbst erscheinen die neuen Ausgaben der Abschlussprüfungsaufgaben mit Lösungen.

Sollten nach Erscheinen dieses Bandes noch wichtige Änderungen im WET 2014 vom Kultusministerium bekannt gegeben werden, findest du aktuelle Informationen dazu im Internet unter: www.stark-verlag.de/info.asp?zentrale-pruefung-aktuell

Autoren

Lösungen der Abschlussprüfungen: Elke Lüdeke
Übungsaufgaben: Michael Schelken und Claudia Wendt-Bösch

Hinweise

Hinweise und Tipps

Aufbau eines WET

Dieses Buch hilft dir bei der Vorbereitung auf die schriftliche Abschlussprüfung im Fach Englisch. Du kannst dich gezielt und selbstständig auf die einzelnen Teile eines WET *(Written English Test)* vorbereiten. In diesem Buch findest du die Prüfungsaufgaben ab dem Jahr 2007 sowie fünf Übungsaufgaben mit Lösungen, sodass du kontrollieren kannst, ob du eine Aufgabe richtig verstanden hast oder nicht.
In der Kurzgrammatik kannst du bestimmte Probleme nachschlagen und wiederholen. Sie kann aber eine ausführliche Schulgrammatik nicht ersetzen.
Die Aufgaben der schriftlichen Abschlussprüfung für Realschulen in Baden-Württemberg werden zentral vom Ministerium für Kultus, Jugend und Sport gestellt. Die Bearbeitungszeit beträgt 120 Minuten. Die Gesamtpunktzahl ist auf 90 Punkte festgesetzt.

Die Arbeit gliedert sich in folgende Teile:
A. *Text-based tasks*
B. *Use of language*
C. *Creative writing*
D. *Skills and techniques*

Die Rechtschreibung wird in allen Teilen gewertet, indem für Schreibfehler Punkte von den gegebenen Punkten abgezogen werden.

Wenn du die einzelnen Prüfungsaufgaben durcharbeitest, wirst du immer wieder Veränderungen feststellen.
Änderungen ab der Prüfung 2008:
a) der WET wird verkürzt, d. h., Part E *(Spelling check)* entfällt,
b) die Gesamtpunktzahl wird auf 90 Punkte festgesetzt,
c) die Bearbeitungszeit beträgt 120 Minuten.

Änderungen ab der Prüfung 2013:
a) Die Übersetzung vom Englischen ins Deutsche fällt weg. Dafür findest du im A-Teil mehr Aufgaben zum Text vor. Das führt zu einer Punkteverteilung von ca. 27 – 18 – 27 – 18.
b) Nach einem vorgegebenen Schlüssel werden im C-Teil Punkte abgezogen, wenn du zu viele oder zu wenige Wörter als die vorgeschriebenen 60 bzw. 120 Wörter schreibst. Dir bleibt ein Punktabzug erspart, wenn du im Teil C 1 zwischen 50 und 80 Wörter schreibst, und im Teil C 2 zwischen 100 und 160.

Zu Teil A: *Text-based tasks*

In diesem Teil wird besonders das Textverständnis überprüft, wobei sich die Fragen sowohl direkt auf den Text als auch auf ein allgemeines Verständnis der im Text angesprochenen Problematik beziehen. Das bedeutet, dass du teilweise deine eigene Meinung zu bestimmten Inhalten äußern musst. Die Bandbreite der verschiedenen Aufgabenstellungen, von denen jedoch nur jeweils 4 bis 5 im Teil A pro WET vorkommen, ist sehr vielfältig. Hier findest du Aufgabenstellungen, die bislang im Teil A vorgekommen sind. Sie werden allerdings ständig neu variiert.

1. *Read the text and find the information.*
   Die Aufgabe wird oft mit dem Zusatz versehen, dass du nicht in vollständigen Sätzen antworten musst. *(You don't have to write complete sentences.)*
2. *Decide whether the following statements are right or wrong.*
   Als Antwort wird hier lediglich *right* oder *wrong* erwartet.
3. *Answer this question.*
   Hier musst du einen Kommentar zu einem im Text vorkommenden Problem schreiben.
4. *Ask questions.(Use at least four different question forms.)*
   Hier sollst du deine eigenen Fragen formulieren. Dabei wird geprüft, ob du den Text verstanden hast und in der Lage bist, die angesprochene Problematik weiterzudenken. In dieser Aufgabe werden situativ unangemessene Fragen mit 0 Punkten bewertet.
   Use four different question forms bedeutet, dass sich die Fragen nach folgenden Kriterien unterscheiden müssen:
   - Zeitform
   - Entscheidungsfragen
   - Fragen mit Fragewort

   Beispiele (ohne spezielle Ausgangssituation):

   a) Where did you start?
   b) Did you like it there?
   c) Where did you travel? Diese Frage ist falsch! siehe a)
   d) Where have you been?
5. *Answer the questions in complete sentences.*
   Wie bereits die Aufgabenstellung vermuten lässt, sollst du Antworten in vollständigen Sätzen geben. Die Antworten müssen jedoch nicht unbedingt im Text stehen. *(The answers need not be in the text.)*
6. *Give advice.*
   Du gibst jemandem einen Rat zu einer vorgegebenen Situation.
7. *Finish the sentences using the information from the text!*
   Du schreibst vorgegebene Sätze mithilfe von Informationen aus dem Text zu Ende.
8. *Match …*
   Hier sollst du Aussagen mit Personen verbinden oder Überschriften zu bestimmten Textabschnitten finden. Wörter, die in der Überschrift vorkommen, finden sich häufig gleich oder mit gleicher Bedeutung im Text wieder. Halte danach Ausschau, wenn du Schwierigkeiten bei der Zuordnung hast.
9. *Find information in the text about …*
   Hier geht es um Informationen zu bestimmten Stichworten, die du dann im Text suchen musst. Da es sich meist um einzelne Punkte handelt, brauchst du oftmals keine ganzen Sätze zu schreiben. Beachte aber den genauen Wortlaut der Arbeitsanweisung.

Zu Teil B: *Use of language*

Passend zum Inhalt des Textes und den dort verwendeten Wörtern werden hier Aufgaben gestellt, die deine sprachlichen und grammatikalischen Kenntnisse überprüfen.
Solche Aufgaben wurden bisher gestellt:

1. *Find words in the text for the following explanations!*
   Lies dir die Beschreibung der Wörter genau durch und suche die erklärten Wörter im Text. Damit du nicht den ganzen Text nochmals lesen musst, sind hier die Zeilen des Abschnitts angegeben, in denen das Wort steht. Hierbei musst du auf die gleiche Form achten, z. B. „fits together" – „matches".
2. *Explain two of the following words in complete sentences.*
   In dieser Aufgabe schreibst du selbst eine Definition der vorgegebenen Begriffe. Dabei kannst du aus einer Anzahl von drei oder vier Wörtern diejenigen auswählen, die dir am leichtesten fallen. Du kannst ein Wort aber auch über ein Synonym oder ein Gegenteil erklären. Die Bedeutung des Wortes muss immer klar erkennbar sein. Ist die Zeile angegeben, in der das Wort vorkommt, muss diese Bedeutung erklärt werden. Du musst hier immer einen ganzen Satz schreiben.
3. *Find words in the text that mean more or less the same.*
   Hier musst du für einen vorgegebenen Begriff ein Wort mit gleicher Bedeutung im Text finden. Der Textabschnitt wird durch Zeilenangaben vorgegeben, damit du das Wort schneller findest. Es kann auch vorkommen, dass du zu einem Wort im Text ein Synonym finden musst. (*Find words or expressions that mean more or less the same.*) Dies muss dann aber auch in den Satz passen, d. h., du musst dann eventuell eine Präposition hinzufügen.
4. *Find the opposite.*
   Hier musst du das Gegenteil des angegebenen Wortes bilden. Die Zeilenangabe zeigt dir, wo das Wort steht. Nun hast du die Aufgabe, zu diesem Wort an dieser Textstelle das Gegenteil zu finden.
5. *Vocabulary – Grammar*
   Dies ist wohl eine der schwierigsten Aufgaben, weil sie die komplette Bandbreite an unterschiedlichen Grammatikphänomenen überprüft. Die Wörter sind in der Reihenfolge der Lücken angeordnet, d. h., die Wörter am Ende einer Zeile beziehen sich immer auf die Lücken in dieser Zeile. Meist werden hierfür 10–12 Punkte vergeben. In einen Lückentext sollst du vorgegebene Begriffe grammatikalisch und lexikalisch richtig einsetzen. Es handelt sich immer um ein Wort derselben Wortfamilie. Du musst entscheiden,
   - um welche Wortart es sich handelt (das Wort muss dann entsprechend umgeformt werden!),
   - in welcher Zeit *(tense)* die Verben stehen müssen,
   - ob die Verben im Aktiv oder Passiv gebraucht sind,
   - ob ein Gerundium gebildet werden muss oder eine Partizipialkonstruktion verwendet wird,
   - welches Wort hier sinngemäß eingefügt werden muss (Präp./Konj. /Relativpron. / Fragewort).

Zu Teil C: *Creative writing*

In recht unterschiedlichen Aufgaben, bei denen du vor allem deine eigene Meinung in der fremden Sprache ausdrücken sollst, wird hier deine Fähigkeit zur eigenen Textproduktion geprüft. Im gesamten C-Teil musst du darauf achten, dass du die geforderte Wortzahl von 60/120 ungefähr einhältst, sonst bekommst du Punktabzug – für zu viele wie für zu wenige Wörter.
Die bisher häufigsten Aufgabentypen waren folgende, wobei aber in C1 nur ein Aufgabentyp innerhalb eines Prüfungsjahrgangs gestellt wird:

C1
- *Give your opinion.*
  Du wirst aufgefordert, zu vorgegebenen Feststellungen deine Zustimmung oder Ablehnung zu formulieren und zu begründen.
- *Explain yourself.*
  Es wird dir eine Anzahl bestimmter Situationen vorgegeben, auf die du sprachlich reagieren sollst. Schreibe, was du in den Situationen sagen oder tun würdest.
- *What would you do or say?*
  Auch in diesem Fall ist wieder eine Situation vorgegeben. Wie würdest du hier helfen oder welchen Rat könntest du geben?

C2 *Write a story. / Write an article for a magazine. / Write a letter (of complaint/of application.) / Write an e-mail.*
Hier sollst du dir von zwei Vorgaben eine aussuchen und einen eigenen Text von etwa 120 Wörtern dazu schreiben. Neben der Sprache und Rechtschreibung wird auch der Inhalt bewertet. Daher ist es besonders wichtig, dass du die Argumente aufbereitest, dir Gedanken zum Thema machst und das Thema gut triffst. Bei einer inhaltlich oder situativ falschen Aussage gibt es für die gesamte Aufgabe 0 Punkte. Je nach Aufgabenstellung können folgende Punkte Inhaltskriterien sein:

- Themenbezug
- Logische Abfolge
- Inhaltliche Vollständigkeit
- Originalität der Darstellung
- Einarbeitung von Sach- und Fachwissen
- Situative Angemessenheit
- Beachtung textsortenspezifischer Hinweise

Der C-Teil ist der Zentralteil der Arbeit, weil du hier Texte selber verfassen musst. In diesem Teil wird die Rechtschreibung besonders berücksichtigt, wie du aus der Tabelle unten ablesen kannst. Teil C 1 hat somit immer 9 Punkte (3 für Inhalt und 6 für Sprache), Teil C 2 18 Punkte (6 für Inhalt und 12 für Sprache)

Inhaltliche Bewertung			**Sprachliche Bewertung**		
Punkte			Punkte		
C1	**C2**		**C1**	**C2**	
3	6	Inhalt entspricht den Anforderungen in besonderem Maße	6–5,5	12–10,5	– erweiterter Wortschatz, idiomatische Ausdrucksweise (mit Fehlerakzeptanz) – grammatikalisch korrekt und abwechslungsreich im Satzbau – sichere Rechtschreibung
2,5	5	Inhalt entspricht den Anforderungen in gutem Maße	5–4,5	10–8,5	– guter, abwechslungsreicher Wortschatz (mit Fehlerakzeptanz) – grammatikalisch weitgehend korrekt und abwechslungsreich im Satzbau – überwiegend sichere Rechtschreibung
2	4	Inhalt entspricht den Anforderungen	4–3,5	8–6,5	– einfacher oder sich wiederholender Wortschatz – grammatikalisch weitgehend korrekt, aber einfacher Satzbau – zufriedenstellende Rechtschreibung
1,5	3	inhaltliche Schwächen	3–2,5	6–4,5	– einfacher Wortschatz mit Fehlern – grammatische Fehler und einfacher Satzbau – wenig sichere Rechtschreibung
1	2	inhaltliche Mängel	2–1,5	4–2,5	– mangelhafter Wortschatz – schwere grammatische Fehler – mangelhafte Rechtschreibung
0,5	1	Inhalt nur teilweise verständlich	1–0	2–0	– ungenügender Wortschatz – schwere grammatische Fehler sowie unverständlicher Satzbau – ungenügende Rechtschreibung
0	0	Inhalt verfehlt oder unverständlich			

Gesamtpunktzahl C1	Gesamtpunktzahl C2
9,0 – 8,0 Punkte: sehr gute Leistung 7,5 – 6,5 Punkte: gute Leistung 6,0 – 5,0 Punkte: befriedigende Leistung 4,5 – 3,5 Punkte: ausreichende Leistung 3,0 – 2,0 Punkte: mangelhafte Leistung 1,5 – 0 Punkte: ungenügende Leistung	18,0 – 15,5 Punkte: sehr gute Leistung 15,0 – 12,5 Punkte: gute Leistung 12,0 – 9,5 Punkte: befriedigende Leistung 9,0 – 6,5 Punkte: ausreichende Leistung 6,0 – 3,5 Punkte: mangelhafte Leistung 3,0 – 0 Punkte: ungenügende Leistung

Zu Teil D: *Skills and techniques*

Hier geht es im Wesentlichen um die Übertragung von der Fremdsprache ins Deutsche und umgekehrt.

1. *Pass on the information.*
   Du wirst in die Situation versetzt, einer Person, die kein Englisch spricht, Inhalte aus einem Text auf Deutsch zu vermitteln. Es kommt hier nicht darauf an, den Text wörtlich richtig zu übersetzen. Die andere Person muss verstehen können, was im Text steht.

2. *Mediation*
   Hierbei geht es ähnlich wie bei *Pass on the information* darum, dass du den Sinn eines Gespräches zwischen zwei Personen vermittelst. Achte darauf, dass du die wichtigen Inhalte in die andere Sprache überträgst, ohne wortwörtlich zu übersetzen.

3. *Paraphrasing*
   Hierbei sollst du einen englischen Satz mit anderen Worten, aber nicht mit anderem Inhalt wiedergeben, d. h., du sollst bestimmte Begriffe umschreiben können.

Kurzgrammatik

Bildnachweis
Jason Ridout

Kurzgrammatik

Besonderheiten einiger Wortarten

1 Adjektive und Adverbien – *Adjectives and Adverbs*

Bildung und Verwendung von Adverbien – *Formation and Use of Adverbs*

Bildung Adjektiv + *-ly*	glad → gladly
Ausnahmen: • *-y* am Wortende wird zu *-i*	easy → easily funny → funnily
• auf einen Konsonanten folgendes *-le* wird zu *-ly*	simple → simply probable → probably
• *-ic* am Wortende wird zu *-ically* Ausnahme:	fantastic → fantastically public → publicly

Beachte: • Unregelmäßig gebildet wird:	good → well
• Endet das Adjektiv auf *-ly*, so kann kein Adverb gebildet werden; man verwendet deshalb: *in a* + Adjektiv + *manner/way*	friendly → in a friendly manner
• In einigen Fällen haben Adjektiv und Adverb dieselbe Form, z. B.:	daily, early, fast, hard, long, low, weekly, yearly
• Manche Adjektive bilden zwei Adverbformen, die sich in der Bedeutung unterscheiden, z. B.:	

Adj./Adv.	**Adv. auf *-ly***	
hard schwierig, hart	*hardly* kaum	The task is hard. (adjective) *Die Aufgabe ist schwierig.* She works hard. (adverb) *Sie arbeitet hart.* She hardly works. (adverb) *Sie arbeitet kaum.*
late spät	*lately* neulich, kürzlich	
near nahe	*nearly* beinahe	

Verwendung Adverbien bestimmen	
• Verben,	She easily found her brother in the crowd. *Sie fand ihren Bruder leicht in der Menge.*
• Adjektive,	This band is extremely famous. *Diese Band ist sehr berühmt.*
• andere Adverbien oder	He walks extremely quickly. *Er geht äußerst schnell.*
• einen ganzen Satz näher.	Fortunately, nobody was hurt. *Glücklicherweise wurde niemand verletzt.*

Beachte:
Nach bestimmten Verben steht nicht das Adverb, sondern das Adjektiv:

- Verben, die einen **Zustand** ausdrücken, z. B.:

to be	sein	
to become	werden	
to get	werden	
to seem	scheinen	Everything seems quiet.
to stay	bleiben	*Alles scheint ruhig zu sein.*

- Verben der **Sinneswahrnehmung**, z. B.:

to feel	sich anfühlen	
to look	aussehen	This dress looks fantastic!
to smell	riechen	*Dieses Kleid sieht toll aus!*
to sound	sich anhören	
to taste	schmecken	

Steigerung des Adjektivs – *Comparison of Adjectives*

Bildung
Man unterscheidet:

• Grundform/Positiv *(positive)*	Peter is young.
• Komparativ *(comparative)*	Jane is younger.
• Superlativ *(superlative)*	Paul is the youngest.

Steigerung auf *-er, -est*	
• einsilbige Adjektive	old, older, oldest *alt, älter, am ältesten*
• zweisilbige Adjektive, die auf *-er, -le, -ow* oder *-y* enden	clever, cleverer, cleverest *klug, klüger, am klügsten* simple, simpler, simplest *einfach, einfacher, am einfachsten* narrow, narrower, narrowest *eng, enger, am engsten* funny, funnier, funniest *lustig, lustiger, am lustigsten*
Beachte:	
• stummes *-e* am Wortende entfällt	simple, simpler, simplest
• nach einem Konsonanten wird *-y* am Wortende zu *-i-*	funny, funnier, funniest
• nach kurzem Vokal wird ein Konsonant am Wortende verdoppelt	fit, fitter, fittest

Steigerung mit *more …, most …*	
• zweisilbige Adjektive, die nicht auf *-er, -le, -ow* oder *-y* enden	useful, more useful, most useful *nützlich, nützlicher, am nützlichsten*
• Adjektive mit drei und mehr Silben	difficult, more difficult, most difficult *schwierig, schwieriger, am schwierigsten*

Unregelmäßige Steigerung	
Die unregelmäßig gesteigerten Adjektive muss man auswendig lernen. Einige sind hier angegeben:	good, better, best *gut, besser, am besten* bad, worse, worst *schlecht, schlechter, am schlechtesten* many, more, most *viele, mehr, am meisten* much, more, most *viel, mehr, am meisten* little, less, least *wenig, weniger, am wenigsten*

Steigerungsformen im Satz – *Sentences with Comparisons*

Es gibt folgende Möglichkeiten, Steigerungen im Satz zu verwenden:

- **Positiv:** Zwei oder mehr Personen oder Sachen sind **gleich oder ungleich:** *(not) as* + Grundform des Adjektivs + *as*

  Anne is as tall as John (and Steve).
  Anne ist genauso groß wie John (und Steve).

  John is not as tall as Steve.
  John ist nicht so groß wie Steve.

- **Komparativ:** Zwei oder mehr Personen/Sachen sind **verschieden** (größer/besser ...): Komparativform des Adjektivs + *than*

  Steve is taller than Anne.
  Steve ist größer als Anne.

- **Superlativ:** Eine Person oder Sache wird besonders hervorgehoben (der/die/das größte/beste ...): *the* + Superlativform des Adjektivs

  Steve is the tallest boy in class.
  Steve ist der größte Junge in der Klasse.

Steigerung des Adverbs – *Comparison of Adverbs*

Adverbien können wie Adjektive auch gesteigert werden.

- Adverbien auf *-ly* werden mit *more, most* bzw. mit *less, least* gesteigert.

  She talks more quickly than John.
  Sie spricht schneller als John.

- Adverbien, die dieselbe Form wie das Adjektiv haben, werden mit *-er, -est* gesteigert.

fast	–	faster	–	fastest
early	–	earlier	–	earliest

- Manche Adverbien haben unregelmäßige Steigerungsformen, z. B.:

well	–	better	–	best
badly	–	worse	–	worst
little	–	less	–	least
much	–	more	–	most

Die Stellung von Adverbien im Satz

Adverbien können verschiedene Positionen im Satz einnehmen:

- Am **Anfang des Satzes**, vor dem Subjekt *(front position)*

  Tomorrow he will be in London.
  Morgen [betont] wird er in London sein.
  Unfortunately, I can't come to the party.
  Leider kann ich nicht zur Party kommen.

- **Im Satz** *(mid position)*
  vor dem Vollverb,

  She often goes to school by bike.
  Sie fährt oft mit dem Rad in die Schule.

  nach *to be*,

  She is already at home.
  Sie ist schon zu Hause.

  nach dem ersten Hilfsverb.

  You can even go swimming there.
  Man kann dort sogar schwimmen gehen.

- Am **Ende des Satzes** *(end position)*

  He will be in London tomorrow.
  Er wird morgen in London sein.

  Gibt es mehrere Adverbien am Satzende, so gilt die **Reihenfolge**: Art und Weise – Ort – Zeit *(manner – place – time)*

  The snow melts slowly in the mountains at springtime.
  Im Frühling schmilzt der Schnee langsam in den Bergen.

2 Artikel – *Article*

Der **bestimmte Artikel** steht, wenn man von einer **ganz bestimmten Person oder Sache** spricht.

The cat is sleeping on the sofa.
Die Katze schläft auf dem Sofa. [nicht irgendeine Katze, sondern eine bestimmte]

Beachte: Der bestimmte Artikel steht unter anderem **immer** in folgenden Fällen:

- **abstrakte Begriffe**, die näher erläutert sind

  The agriculture practised in the USA is very successful.
  Die Landwirtschaft, wie sie in den USA praktiziert wird, ist sehr erfolgreich.

- **Gebäudebezeichnungen**, wenn man vom Gebäude und nicht von der Institution spricht

  The university should be renovated soon.
  Die Universität sollte bald renoviert werden.

- **Eigennamen im Plural** (Familiennamen, Gebirge, Inselgruppen, einige Länder etc.)

  the Johnsons, the Rockies, the Hebrides, the Netherlands, the USA

- Namen von **Flüssen** und **Meeren**

  the Mississippi, the North Sea, the Pacific Ocean

Der **unbestimmte Artikel** steht, wenn man von einer **nicht näher bestimmten Person oder Sache** spricht.

A man is walking down the road.
Ein Mann läuft gerade die Straße entlang. [irgendein Mann]

Beachte:
In einigen Fällen steht **stets** der unbestimmte Artikel:

• **Berufsbezeichnungen** und **Nationalitäten**	She is an engineer. *Sie ist Ingenieurin.* He is a Scot(sman). *Er ist Schotte.*
• Zugehörigkeit zu einer **Religion** oder **Partei**	She is a Catholic. *Sie ist katholisch.* He is a Tory. *Er ist Mitglied der Tories.*

In diesen Fällen steht **kein Artikel**:

• **nicht zählbare** Nomen wie z. B. **Stoffbezeichnungen**	Gold is very valuable. *Gold ist sehr wertvoll.*
• **abstrakte Nomen** ohne nähere Bestimmung	Buddhism is widespread in Asia. *Der Buddhismus ist in Asien weit verbreitet.*
• **Kollektivbegriffe**, z. B. *man, youth, society*	Man is responsible for global warming. *Der Mensch ist für die Klimaerwärmung verantwortlich.*
• **Institutionen**, z. B. *school, church, university, prison*	We went to school together. *Wir gingen zusammen zur Schule.*
• **Mahlzeiten**, z. B. *breakfast, lunch*	Dinner is at 8 p.m. *Das Abendessen ist um 20 Uhr.*
• *by* + **Verkehrsmittel**	I went to school by bike. *Ich fuhr mit dem Fahrrad zur Schule.*
• **Personennamen** (auch mit Titel), **Verwandtschaftsbezeichnungen**, die wie Namen verwendet werden	Tom, Mr Scott, Queen Elizabeth, Dr Hill, Dad, Uncle Harry
• Bezeichnungen für **Straßen, Plätze, Brücken, Parkanlagen**	Fifth Avenue, Trafalgar Square, Westminster Bridge, Hyde Park
• Namen von **Ländern, Kontinenten, Städten, Seen, Inseln, Bergen**	France, Asia, San Francisco, Loch Ness, Corsica, Ben Nevis

3 Pronomen – *Pronouns*

Possessivpronomen – *Possessive Pronouns*

Possessivpronomen *(possessive pronouns)* verwendet man, um zu sagen, **wem etwas gehört**.
Steht ein Possessivpronomen allein, so wird eine andere Form verwendet als in Verbindung mit einem Substantiv:

mit Substantiv	ohne Substantiv			
my	*mine*	This is my bike.	–	This is mine.
your	*yours*	This is your bike.	–	This is yours.
his/her/its	*his/hers/–*	This is her bike.	–	This is hers.
our	*ours*	This is our bike.	–	This is ours.
your	*yours*	This is your bike.	–	This is yours.
their	*theirs*	This is their bike.	–	This is theirs.

Reflexivpronomen – *Reflexive Pronouns*

Reflexivpronomen *(reflexive pronouns)* **beziehen sich auf das Subjekt** des Satzes **zurück**. Es handelt sich also um dieselbe Person:

myself	I will buy myself a new car.
yourself	You will buy yourself a new car.
himself / herself / itself	He will buy himself a new car.
ourselves	We will buy ourselves a new car.
yourselves	You will buy yourselves a new car.
themselves	They will buy themselves a new car.

Beachte:

- Einige Verben stehen ohne Reflexivpronomen, obwohl im Deutschen mit „mich, dich, sich etc." übersetzt wird.

I apologize …
Ich entschuldige mich …
He is hiding.
Er versteckt sich.

- Einige Verben können sowohl mit einem Objekt als auch mit einem Reflexivpronomen verwendet werden. Dabei ändert sich die Bedeutung, z. B. bei *to control, to enjoy, to help, to occupy.*

He is enjoying the party.
Er genießt die Party.
She is enjoying herself.
Sie amüsiert sich.

He is helping the child.
Er hilft dem Kind.
Help yourself!
Bedienen Sie sich!

Reziprokes Pronomen – *Reciprocal Pronoun* ("each other/one another")

each other/one another ist unveränderlich. Es bezieht sich auf **zwei oder mehr Personen** und wird mit „sich (gegenseitig)/einander" übersetzt.	They looked at <u>each other</u> and laughed. *Sie schauten sich (gegenseitig) an und lachten.* *oder:* *Sie schauten einander an und lachten.*
Beachte: Einige Verben stehen ohne *each other*, obwohl im Deutschen mit „sich" übersetzt wird.	to meet — *sich treffen* to kiss — *sich küssen* to fall in love — *sich verlieben*

4 Präpositionen – *Prepositions*

Präpositionen *(prepositions)* drücken **räumliche, zeitliche oder andere Arten von Beziehungen** aus.	The ball is <u>under</u> the table. He came home <u>after</u> six o'clock.
Die wichtigsten Präpositionen mit Beispielen für ihre Verwendung:	
• *at*	
Ortsangabe: *at home*	I'm <u>at home</u> now. *Ich bin jetzt zu Hause.*
Zeitangabe: *at 3 p.m.*	He arrived <u>at 3 p.m.</u> *Er kam um 15 Uhr an.*
• *by*	
Angabe des Mittels: *by bike*	She went to work <u>by bike</u>. *Sie fuhr mit dem Rad zur Arbeit.*
Angabe der Ursache: *by mistake*	He did it <u>by mistake</u>. *Er hat es aus Versehen getan.*
Zeitangabe: *by tomorrow*	You will get the letter <u>by tomorrow</u>. *Du bekommst den Brief bis morgen.*
• *for*	
Zeitdauer: *for hours*	We waited for the bus <u>for hours</u>. *Wir warteten stundenlang auf den Bus.*
• *from*	
Ortsangabe: *from Dublin*	Ian is <u>from Dublin</u>. *Ian kommt aus Dublin.*
Zeitangabe: *from nine to five*	We work <u>from nine to five</u>. *Wir arbeiten von neun bis fünf Uhr.*
• *in*	
Ortsangabe: *in England*	<u>In England</u>, they drive on the left. *In England herrscht Linksverkehr.*

Zeitangabe: *in the morning* | They woke up in the morning.
Sie wachten am Morgen auf.

- *of*
  Ortsangabe: *north of the city* | The village lies north of the city.
  Das Dorf liegt nördlich der Stadt.

- *on*
  Ortsangabe: *on the left, on the floor* | On the left you see the London Eye.
  Links sehen Sie das London Eye.
  Zeitangabe: *on Monday* | On Monday she will buy the tickets.
  (Am) Montag kauft sie die Karten.

- *to*
  Richtungsangabe: *to the left* | Please turn to the left.
  Bitte wenden Sie sich nach links.
  Angabe des Ziels: *to London* | He goes to London every year.
  Er fährt jedes Jahr nach London.

5 Modale Hilfsverben – *Modal Auxiliaries*

Zu den **modalen Hilfsverben** *(modal auxiliaries)* zählen z. B. *can, may* und *must.*

Bildung

- Die modalen Hilfsverben haben für alle Personen **nur eine Form**: kein *-s* in der 3. Person Singular.

I, you, he/she/it, we, you, they } must

- Auf ein modales Hilfsverb folgt der **Infinitiv ohne *to*.**

You must listen to my new CD.
Du musst dir meine neue CD anhören.

- **Frage und Verneinung** werden nicht mit *do/did* umschrieben.

Can you help me, please?
Kannst du mir bitte helfen?

Die modalen Hilfsverben können nicht alle Zeiten bilden. Deshalb benötigt man **Ersatzformen** (können auch im Präsens verwendet werden).

- ***can*** (können)
  Ersatzformen:
  (to) be able to (Fähigkeit),
  (to) be allowed to (Erlaubnis)

I can sing./I was able to sing.
Ich kann singen. / Ich konnte singen.

You can't go to the party./
I wasn't allowed to go to the party.
Du darfst nicht auf die Party gehen./
Ich durfte nicht auf die Party gehen.

Beachte: Im *simple past* und *conditional I* ist auch *could* möglich.

When I was three, I could already ski.
Mit drei konnte ich schon Ski fahren.

- ***may*** (dürfen) – sehr höflich
  Ersatzform: ***(to) be allowed to***

You may go home early./
You were allowed to go home early.
Du darfst früh nach Hause gehen./
Du durftest früh nach Hause gehen.

- ***must*** (müssen)
  Ersatzform: ***(to) have to***

He must be home by ten o'clock./
He had to be home by ten o'clock.
Er muss um zehn Uhr zu Hause sein./
Er musste um zehn Uhr zu Hause sein.

Beachte:
must not/mustn't = „nicht dürfen"

You must not eat all the cake.
Du darfst nicht den ganzen Kuchen essen.

„nicht müssen, nicht brauchen" =
not have to, needn't

You don't have to/needn't eat all the cake.
Du musst nicht den ganzen Kuchen essen./
Du brauchst nicht … zu essen.

Infinitiv, Gerundium oder Partizip? – Die infiniten Verbformen

6 Infinitiv – *Infinitive*

Der **Infinitiv** (Grundform des Verbs) **mit *to*** steht z. B. **nach**

- bestimmten **Verben**, z. B.:

to decide	(sich) entscheiden, beschließen
to expect	erwarten
to hope	hoffen
to manage	schaffen
to plan	planen
to promise	versprechen
to want	wollen

He decided to wait.
Er beschloss zu warten.

- bestimmten **Substantiven und Pronomen** *(something, anything)*, z. B.:

attempt	Versuch
idea	Idee
plan	Plan
wish	Wunsch

We haven't got anything to eat at home.
Wir haben nichts zu essen zu Hause.

It was her plan to visit him in May.
Sie hatte vor, ihn im Mai zu besuchen.

- bestimmten **Adjektiven** (auch in Verbindung mit *too/enough*) und deren Steigerungsformen, z. B.:

certain	sicher
difficult/hard	schwer, schwierig
easy	leicht

It was difficult to follow her.
Es war schwer, ihr zu folgen.

- **Fragewörtern**, wie z. B. *what, where, which, who, when, how* und nach *whether*. Diese Konstruktion ersetzt eine indirekte Frage mit modalem Hilfsverb.

We knew where to find her. /
We knew where we would find her.
Wir wussten, wo wir sie finden würden.

Die Konstruktion **Objekt + Infinitiv** wird im Deutschen oft mit einem „dass"-Satz übersetzt.
Sie steht z. B. **nach**

- bestimmten **Verben**, z. B.:

to allow	erlauben
to get	veranlassen
to help	helfen
to persuade	überreden

She allowed him to go to the cinema.
Sie erlaubte ihm, dass er ins Kino geht. / … ins Kino zu gehen.

- **Verb + Präposition**, z. B.:

to count on	rechnen mit
to rely on	sich verlassen auf
to wait for	warten auf

She relies on him to arrive in time.
Sie verlässt sich darauf, dass er rechtzeitig ankommt.

- **Adjektiv + Präposition**, z. B.:

easy for	leicht
necessary for	notwendig
nice of	nett
silly of	dumm

It is necessary for you to learn maths.
Es ist notwendig, dass du Mathe lernst.

- **Substantiv + Präposition**, z. B.:

opportunity for	Gelegenheit
idea for	Idee
time for	Zeit
mistake for	Fehler

Work experience is a good opportunity for you to find out which job suits you.
Ein Praktikum ist eine gute Gelegenheit, herauszufinden, welcher Beruf zu dir passt.

- einem **Adjektiv**, das durch ***too*** oder ***enough*** näher bestimmt wird.

The box is too heavy for me to carry.
Die Kiste ist mir zu schwer zum Tragen.

The weather is good enough for us to go for a walk. *Das Wetter ist gut genug, dass wir spazieren gehen können.*

7 Gerundium (-*ing*-Form) – *Gerund*

Bildung

Infinitiv + -*ing* — read → reading

Beachte:

- stummes *-e* entfällt — write → writing
- nach kurzem betontem Vokal: Schlusskonsonant verdoppelt — stop → stopping
- *-ie* wird zu *-y* — lie → lying

Verwendung

Die *-ing*-Form steht nach bestimmten Ausdrücken und kann verschiedene Funktionen im Satz einnehmen, z. B.:

- als **Subjekt** des Satzes

  Skiing is fun. *Skifahren macht Spaß.*

- nach bestimmten **Verben** (als **Objekt** des Satzes), z. B.:

to avoid	vermeiden
to enjoy	genießen, gern tun
to keep (on)	weitermachen
to miss	vermissen
to risk	riskieren
to suggest	vorschlagen

  He enjoys reading comics.
  Er liest gerne Comics.

  You risk losing a friend.
  Du riskierst, einen Freund zu verlieren.

- nach **Verb + Präposition**, z. B.:

to agree with	zustimmen
to believe in	glauben an
to dream of	träumen von
to look forward to	sich freuen auf
to talk about	sprechen über

  She dreams of meeting a star.
  Sie träumt davon, einen Star zu treffen.

- nach **Adjektiv + Präposition**, z. B.:

afraid of	sich fürchten vor
famous for	berühmt für
good/bad at	gut/schlecht in
interested in	interessiert an

  He is afraid of losing his job.
  Er hat Angst, seine Arbeit zu verlieren.

- nach **Substantiv + Präposition**, z. B.:

chance of	Chance, Aussicht
danger of	Gefahr
reason for	Grund
way of	Art und Weise

  Do you have a chance of getting the job?
  Hast du Aussicht, die Stelle zu bekommen?

- nach **Präpositionen** und **Konjunktionen der Zeit**, z. B.:

after	nachdem
before	bevor
by	indem, dadurch, dass
in spite of	trotz
instead of	statt

Before leaving the room he said goodbye.
Bevor er den Raum verließ, verabschiedete er sich.

8 Infinitiv oder Gerundium? – *Infinitive or Gerund?*

Einige Verben können sowohl **mit** dem **Infinitiv** als auch **mit der** ***-ing*-Form** stehen, **ohne** dass sich die **Bedeutung ändert**, z. B. *to love, to hate, to prefer, to start, to begin, to continue.*

I hate getting up early.
I hate to get up early.
Ich hasse es, früh aufzustehen.

Bei manchen Verben **ändert sich** jedoch die **Bedeutung**, je nachdem, ob sie mit Infinitiv oder mit der *-ing*-Form verwendet werden, z. B. *to remember, to forget, to stop.*

- *to remember* + Infinitiv: „daran denken, etwas zu tun"

  I must remember to post the invitations.
  Ich muss daran denken, die Einladungen einzuwerfen.

  to remember + *ing*-Form: „sich erinnern, etwas getan zu haben"

  I remember posting the invitations.
  Ich erinnere mich daran, die Einladungen eingeworfen zu haben.

- *to forget* + Infinitiv: „vergessen, etwas zu tun"

  Don't forget to water the plants.
  Vergiss nicht, die Pflanzen zu gießen.

  to forget + *ing*-Form: „vergessen, etwas getan zu haben"

  I'll never forget meeting the President.
  Ich werde nie vergessen, wie ich den Präsidenten traf.

- *to stop* + Infinitiv: „stehen bleiben, um etwas zu tun"

  I stopped to read the road sign.
  Ich hielt an, um das Verkehrsschild zu lesen.

  to stop + *ing*-Form: „aufhören, etwas zu tun"

  He stopped laughing.
  Er hörte auf zu lachen.

9 Partizipien – *Participles*

Partizip Präsens – *Present Participle*

Bildung Infinitiv + *ing* Sonderformen: siehe *gerund* (S. G 11 f.)	talk → talking
Verwendung Das *present participle* verwendet man:	
• zur Bildung der Verlaufsform *present progressive*,	Peter is reading. *Peter liest (gerade).*
• zur Bildung der Verlaufsform *past progressive*,	Peter was reading when I saw him. *Peter las (gerade), als ich ihn sah.*
• zur Bildung der Verlaufsform *present perfect progressive,*	I have been living in Sydney for 5 years. *Ich lebe seit 5 Jahren in Sydney.*
• zur Bildung der Verlaufsform *future progressive,*	This time tomorrow I will be working. *Morgen um diese Zeit werde ich arbeiten.*
• wie ein Adjektiv, wenn es vor einem Substantiv steht.	The village hasn't got running water. *Das Dorf hat kein fließendes Wasser.*

Partizip Perfekt – *Past Participle*

Bildung Infinitiv + *-ed*	talk → talked
Beachte:	
• stummes *-e* entfällt	live → lived
• nach kurzem betontem Vokal wird der Schlusskonsonant verdoppelt	stop → stopped
• *-y* wird zu *-ie*	cry → cried
• unregelmäßige Verben (S. G 31 f.)	be → been
Verwendung Das *past participle* verwendet man	
• zur Bildung des *present perfect*,	He hasn't talked to Tom yet. *Er hat noch nicht mit Tom gesprochen.*

• zur Bildung des *past perfect*,	Before they went biking in France, they had bought new bikes. *Bevor sie nach Frankreich zum Radfahren gingen, hatten sie neue Fahrräder gekauft.*
• zur Bildung des *future perfect*,	The letter will have arrived by then. *Der Brief wird bis dann angekommen sein.*
• zur Bildung des Passivs,	The fish was eaten by the cat. *Der Fisch wurde von der Katze gefressen.*
• wie ein Adjektiv, wenn es vor einem Substantiv steht.	Peter has got a well-paid job. *Peter hat eine gut bezahlte Stelle.*

Verkürzung eines Nebensatzes durch ein Partizip

Adverbiale Nebensätze (meist kausale oder temporale Bedeutung) und **Relativsätze** können durch ein Partizip verkürzt werden.	She watches the news, because she wants to stay informed. Wanting to stay informed, she watches the news. *Sie sieht sich die Nachrichten an, weil sie informiert bleiben möchte.*
Aus der Zeitform des Verbs im Nebensatz ergibt sich, welches Partizip für die Satzverkürzung verwendet wird:	
• Steht das Verb im Nebensatz im *present* oder *past tense* (*simple* und *progressive form*), verwendet man das *present participle*.	he finishes he finished } → finishing
• Steht das Verb im Nebensatz im *present perfect* oder *past perfect*, verwendet man *having + past participle*.	he has finished he had finished } → having finished
• Das *past participle* verwendet man auch, um einen Satz im Passiv zu verkürzen.	Sally is a manager in a five-star hotel which is called Pacific View. Sally is a manager in a five-star hotel called Pacific View.

Beachte:

• Man kann einen Temporal- oder Kausalsatz verkürzen, wenn **Haupt- und Nebensatz dasselbe Subjekt** haben.	When he was walking down the street, he saw Jo. (When) walking down the street, he saw Jo. *Als er die Straße entlangging, sah er Jo.*

- Bei **Kausalsätzen** entfallen die Konjunktionen *as, because* und *since* im verkürzten Nebensatz.

As he was hungry, he bought a sandwich.
Being hungry, he bought a sandwich.
Da er hungrig war, kaufte er ein Sandwich.

- In einem **Temporalsatz** bleibt die einleitende **Konjunktion** häufig erhalten, um dem Satz eine **eindeutige Bedeutung** zuzuweisen.

When he left, he forgot to lock the door.
When leaving, he forgot to lock the door.
Als er ging, vergaß er, die Tür abzuschließen.

Tara got sick eating too much chocolate.
Tara wurde schlecht, als/während/da sie zu viel Schokolade aß.

Die Vorzeitigkeit einer Handlung kann durch ***after + present participle*** oder durch ***having + past participle*** ausgedrückt werden.

After finishing / Having finished breakfast, he went to work.
Nachdem er sein Frühstück beendet hatte, ging er zur Arbeit.

- Bei **Relativsätzen** entfallen die Relativpronomen *who, which* und *that*.

I saw a six-year-old boy who played the piano.
I saw a six-year-old boy playing the piano.
Ich sah einen sechsjährigen Jungen, der gerade Klavier spielte. / … Klavier spielen.

Verbindung von zwei Hauptsätzen durch ein Partizip

Zwei Hauptsätze können durch ein Partizip verbunden werden, wenn sie **dasselbe Subjekt** haben.

He did his homework and he listened to the radio.
He did his homework listening to the radio.
Er machte seine Hausaufgaben und hörte Radio.

Beachte:
- Das Subjekt des zweiten Hauptsatzes und die Konjunktion *and* entfallen.
- Die Verbform des zweiten Hauptsatzes wird durch das Partizip ersetzt.

Unverbundene Partizipialkonstruktionen – *Absolute Participle Constructions*

Unverbundene Partizipialkonstruktionen haben ein **eigenes Subjekt**, das nicht mit dem Subjekt des Hauptsatzes übereinstimmt. Sie werden in **gehobener Sprache** verwendet.
Mit einleitendem ***with*** werden sie auf allen Stilebenen verwendet.

The sun having come out, the ladies went for a walk in the park.
Da die Sonne herausgekommen war, gingen die Damen im Park spazieren.

With the telephone ringing, she jumped out of bed.
Als das Telefon klingelte, sprang sie aus dem Bett.

Bildung und Gebrauch der finiten Verbformen

10 Zeiten – *Tenses*

Simple Present

Bildung
Infinitiv, Ausnahme 3. Person Singular: Infinitiv + *-s*

stand – he/she/it stands

Beachte:
- Bei Verben, die auf *-s, -sh, -ch, -x* und *-z* enden, wird in der 3. Person Singular *-es* angefügt.

kiss – he/she/it kisses
rush – he/she/it rushes
teach – he/she/it teaches
fix – he/she/it fixes

- Bei Verben, die auf Konsonant + *-y* enden, wird *-es* angefügt; *-y* wird zu *-i-*.

carry – he/she/it carries

Bildung von Fragen im *simple present*
(Fragewort +) *do/does* + Subjekt + Infinitiv

Where does he live? / Does he live in London?
Wo lebt er? / Lebt er in London?

Beachte:
Die Umschreibung mit *do/does* wird nicht verwendet,
- wenn nach dem Subjekt gefragt wird (mit *who, what, which*),

Who came to the party?
Wer kam zur Party?
Which tree has more leaves?
Welcher Baum hat mehr Blätter?

- wenn die Frage mit *is/are* gebildet wird.

Are you happy?
Bist du glücklich?

Bildung der Verneinung im *simple present*
don't/doesn't + Infinitiv

He doesn't like football.
Er mag Fußball nicht.

Verwendung
Das *simple present* wird verwendet:

- bei Tätigkeiten, die man **gewohnheitsmäßig** oder häufig ausführt
  Signalwörter: z. B. *always, often, never, every day, every morning, every afternoon*

Every morning John buys a newspaper.
Jeden Morgen kauft John eine Zeitung.

- bei **allgemeingültigen** Aussagen

London is a big city.
London ist eine große Stadt.

- bei **Zustandsverben**: Sie drücken Eigenschaften / Zustände von Personen und Dingen aus und stehen normalerweise nur in der *simple form*, z. B. *to hate, to know, to like.*

I like science-fiction films.
Ich mag Science-Fiction-Filme.

Present Progressive / Present Continuous

Bildung
am/is/are + present participle

read → am/is/are reading

Bildung von Fragen im *present progressive*
(Fragewort +) *am/is/are* + Subjekt + *present participle*

Is Peter reading? / What is he reading?
Liest Peter gerade? / Was liest er?

Bildung der Verneinung im *present progressive*
am not/isn't/aren't + present participle

Peter isn't reading.
Peter liest gerade nicht.

Verwendung
Mit dem *present progressive* drückt man aus, dass etwas **gerade passiert** und **noch nicht abgeschlossen** ist. Es wird daher auch als **Verlaufsform** der Gegenwart bezeichnet.

Signalwörter: *at the moment, now*

At the moment, Peter is drinking a cup of tea.
Im Augenblick trinkt Peter eine Tasse Tee. [Er hat damit angefangen und noch nicht aufgehört.]

Simple Past

Bildung

Regelmäßige Verben: Infinitiv + *-ed*

walk → walked

Beachte:

- stummes *-e* entfällt

  hope → hoped

- Bei Verben, die auf Konsonant + *-y* enden, wird *-y* zu *-i-*.

  carry → carried

- Nach kurzem betontem Vokal wird der Schlusskonsonant verdoppelt.

  stop → stopped

Unregelmäßige Verben: siehe Liste S. G 31 f.

be → was
have → had

Bildung von Fragen im *simple past*

(Fragewort +) *did* + Subjekt + Infinitiv

(Why) Did he look out of the window?
(Warum) Sah er aus dem Fenster?

Beachte:

Die Umschreibung mit *did* wird nicht verwendet,

- wenn nach dem Subjekt gefragt wird (mit *who, what, which*),

  Who paid the bill?
  Wer zahlte die Rechnung?

  What happened to your friend?
  Was ist mit deinem Freund passiert?

- wenn die Frage mit *was/were* gebildet wird.

  Were you happy?
  Warst du glücklich?

Bildung der Verneinung im *simple past*

didn't + Infinitiv

He didn't call me.
Er rief mich nicht an.

Verwendung

Das *simple past* beschreibt Handlungen und Ereignisse, die **in der Vergangenheit passierten** und **bereits abgeschlossen** sind.

Signalwörter: z. B. *yesterday, last week/year, two years ago, in 2008*

Last week, he helped me with my homework.
Letzte Woche half er mir bei meinen Hausaufgaben. [Die Handlung fand in der letzten Woche statt, ist also abgeschlossen.]

Past Progressive / Past Continuous

Bildung *was/were + present participle*	watch → was/were watching
Verwendung Die **Verlaufsform** *past progressive* verwendet man, wenn **zu einem bestimmten Zeitpunkt** in der Vergangenheit eine **Handlung ablief**, bzw. wenn eine **Handlung** von einer anderen **unterbrochen** wurde.	Yesterday at 9 o'clock I was still sleeping. *Gestern um 9 Uhr schlief ich noch.* I was reading a book when Peter came into the room. *Ich las (gerade) ein Buch, als Peter ins Zimmer kam.*

Present Perfect (Simple)

Bildung *have/has + past participle*	write → has/have written
Verwendung Das *present perfect* verwendet man,	
• wenn ein Vorgang **in der Vergangenheit begonnen** hat und **noch andauert**,	He has lived in London since 2008. *Er lebt seit 2008 in London.* *[Er lebt jetzt immer noch in London.]*
• wenn das Ergebnis einer vergangenen Handlung **Auswirkungen auf die Gegenwart** hat.	I have just cleaned my car. *Ich habe gerade mein Auto geputzt.* *[Man sieht evtl. das saubere Auto.]*
Signalwörter: z. B. *already, ever, just, how long, not … yet, since, for*	Have you ever been to Dublin? *Warst du schon jemals in Dublin?*
Beachte:	
• *have/has* können zu *'ve/'s* verkürzt werden.	He's given me his umbrella. *Er hat mir seinen Regenschirm gegeben.*
• Das *present perfect* wird oft mit *since* und *for* verwendet („seit").	
– ***since*** gibt einen **Zeitpunkt** an:	Ron has lived in Sydney since 2007. *Ron lebt seit 2007 in Sydney.*
– ***for*** gibt einen **Zeitraum** an:	Sally has lived in Berlin for five years. *Sally lebt seit fünf Jahren in Berlin.*

Present Perfect Progressive / Present Perfect Continuous

Bildung *have/has + been + present participle*	write → has/have been writing
Verwendung Die **Verlaufsform** *present perfect progressive* verwendet man, um die **Dauer einer Handlung** zu **betonen**, die in der Vergangenheit begonnen hat und noch andauert.	She has been sleeping for ten hours. *Sie schläft seit zehn Stunden.*

Past Perfect (Simple)

Bildung *had + past participle*	write → had written
Verwendung Die Vorvergangenheit *past perfect* verwendet man, wenn ein Vorgang in der Vergangenheit **vor einem anderen Vorgang in der Vergangenheit abgeschlossen** wurde.	He had bought a ticket before he took the train to Manchester. *Er hatte eine Fahrkarte gekauft, bevor er den Zug nach Manchester nahm. [Beim Einsteigen war der Kauf abgeschlossen.]*

Past Perfect Progressive / Past Perfect Continuous

Bildung *had + been + present participle*	write → had been writing
Verwendung Die **Verlaufsform** *past perfect progressive* verwendet man für **Handlungen**, die in der Vergangenheit **bis zu dem Zeitpunkt andauerten**, zu dem eine neue Handlung einsetzte.	She had been sleeping for ten hours when the doorbell rang. *Sie hatte seit zehn Stunden geschlafen, als es an der Tür klingelte. [Das Schlafen dauerte bis zu dem Zeitpunkt an, als es an der Tür klingelte.]*

Will-future

Bildung
will + Infinitiv

buy → will buy

Bildung von Fragen im *will-future*
(Fragewort +) *will* + Subjekt + Infinitiv

What will you buy?
Was wirst du kaufen?

Bildung der Verneinung im *will-future*
won't + Infinitiv

Why won't you come to our party?
Warum kommst du nicht zu unserer Party?

Verwendung
Das *will-future* verwendet man, wenn ein Vorgang **in der Zukunft stattfinden** wird:

- bei Vorhersagen oder Vermutungen,

  The weather will be fine tomorrow.
  Das Wetter wird morgen schön (sein).

- bei spontanen Entscheidungen.

  [doorbell] "I'll open the door."
  "Ich werde die Tür öffnen."

Signalwörter: z. B. *tomorrow, next week, next Monday, next year, in three years, soon*

Going-to-future

Bildung
am/is/are + *going to* + Infinitiv

find → am/is/are going to find

Verwendung
Das *going-to-future* verwendet man, wenn man ausdrücken will:

- was man für die Zukunft **plant** oder **zu tun beabsichtigt**.

  I am going to work in England this summer.
  Diesen Sommer werde ich in England arbeiten.

- dass ein **Ereignis bald eintreten wird**, da bestimmte **Anzeichen** vorhanden sind.

  Look at those clouds. It's going to rain soon.
  Schau dir diese Wolken an. Es wird bald regnen.

Simple Present und *Present Progressive* zur Wiedergabe der Zukunft

Verwendung

- Mit dem ***present progressive*** drückt man **Pläne** für die Zukunft aus, für die bereits **Vorkehrungen** getroffen wurden.

We are flying to New York tomorrow.
Morgen fliegen wir nach New York.
[Wir haben schon Tickets.]

- Mit dem ***simple present*** wird ein zukünftiges Geschehen wiedergegeben, das **von außen festgelegt** wurde, z. B. Fahrpläne, Programme, Kalender.

The train leaves at 8.15 a.m.
Der Zug fährt um 8.15 Uhr.

The play ends at 10 p.m.
Das Theaterstück endet um 22 Uhr.

Future Progressive / Future Continuous

Bildung
will + be + present participle

work → will be working

Verwendung
Die **Verlaufsform** *future progressive* drückt aus, dass ein **Vorgang** in der Zukunft zu einem bestimmten Zeitpunkt **gerade ablaufen wird**.

Signalwörter: *this time next week / tomorrow, tomorrow* + Zeitangabe

This time tomorrow I will be sitting in a plane to London.
Morgen um diese Zeit werde ich gerade im Flugzeug nach London sitzen.

Future Perfect (Future II)

Bildung
will + have + past participle

go → will have gone

Verwendung
Das *future perfect* drückt aus, dass ein **Vorgang** in der Zukunft **abgeschlossen sein wird** (Vorzeitigkeit in der Zukunft).

Signalwörter: *by then, by* + Zeitangabe

By 5 p.m. tomorrow I will have arrived in London.
Morgen Nachmittag um fünf Uhr werde ich bereits in London angekommen sein.

11 Passiv – *Passive Voice*

Bildung

Form von *(to) be* in der entsprechenden Zeitform + *past participle*

The bridge was finished in 1894.
Die Brücke wurde 1894 fertiggestellt.

Zeitformen:

• *simple present*	*Aktiv:*	Joe buys the milk.
	Passiv:	The milk is bought by Joe.
• *simple past*	*Aktiv:*	Joe bought the milk.
	Passiv:	The milk was bought by Joe.
• *present perfect*	*Aktiv:*	Joe has bought the milk.
	Passiv:	The milk has been bought by Joe.
• *past perfect*	*Aktiv:*	Joe had bought the milk.
	Passiv:	The milk had been bought by Joe.
• *will-future*	*Aktiv:*	Joe will buy the milk.
	Passiv:	The milk will be bought by Joe.
• *future perfect (future II)*	*Aktiv:*	Joe will have bought the milk.
	Passiv:	The milk will have been bought by Joe.
• *conditional I*	*Aktiv:*	Joe would buy the milk.
	Passiv:	The milk would be bought by Joe.
• *conditional II*	*Aktiv:*	Joe would have bought the milk.
	Passiv:	The milk would have been bought by Joe.

Aktiv → Passiv

- Das Subjekt des Aktivsatzes wird zum Objekt des Passivsatzes. Es wird mit *by* angeschlossen.
- Das Objekt des Aktivsatzes wird zum Subjekt des Passivsatzes.
- Stehen im Aktiv **zwei Objekte**, lassen sich zwei verschiedene Passivsätze bilden. Ein Objekt wird zum Subjekt des Passivsatzes, das zweite bleibt Objekt.

  Beachte:
  Das indirekte Objekt muss im Passivsatz mit *to* angeschlossen werden.

Aktiv:	Joe (*Subjekt*)	buys		the milk. (*Objekt*)
Passiv:	The milk (*Subjekt*)	is bought		by Joe. (*by-agent*)

Aktiv:	They (*Subjekt*)	gave	her (*ind. Obj.*)	a ball. (*dir. Obj.*)
Passiv:	She (*Subjekt*)	was given		a ball. (*dir. Obj.*)

oder:

Aktiv:	They (*Subjekt*)	gave	her (*ind. Obj.*)	a ball. (*dir. Obj.*)
Passiv:	A ball (*Subjekt*)	was given		to her. (*ind. Obj.*)

Passiv → Aktiv

- Der mit *by* angeschlossene Handelnde *(by-agent)* des Passivsatzes wird zum Subjekt des Aktivsatzes; *by* entfällt.
- Das Subjekt des Passivsatzes wird zum Objekt des Aktivsatzes.
- Fehlt im Passivsatz der *by-agent*, muss im Aktivsatz ein Handelnder als Subjekt ergänzt werden, z. B. *somebody, we, you, they.*

Passiv:	The milk *Subjekt*	is bought	by Joe. *by-agent*
Aktiv:	Joe *Subjekt*	buys	the milk. *Objekt*

Passiv:	The match *Subjekt*	was won.	
Aktiv:	They *(ergänztes)* *Subjekt*	won	the match. *Objekt*

Der Satz im Englischen

12 Wortstellung – *Word Order*

Im Aussagesatz gilt die Wortstellung Subjekt – Prädikat – Objekt *(subject – verb – object):*

- Subjekt: Wer oder was tut etwas?
- Prädikat: Was wird getan?
- Objekt: Worauf / Auf wen bezieht sich die Tätigkeit?

Für die Position von Orts- und Zeitangaben vgl. S. G 4 f.

Cats catch mice.
Katzen fangen Mäuse.

13 Konditionalsätze – *Conditional Sentences*

Ein Konditionalsatz (Bedingungssatz) besteht aus zwei Teilen: einem Nebensatz *(if-clause)* und einem Hauptsatz *(main clause)*. Im ***if*-Satz** steht die **Bedingung** *(condition)*, unter der die im **Hauptsatz** genannte **Folge** eintritt. Man unterscheidet drei Arten von Konditionalsätzen:

Konditionalsatz Typ I

Bildung

- *if*-Satz (Bedingung): *simple present*

  If you read this book,
  Wenn du dieses Buch liest,

- Hauptsatz (Folge): *will-future*

  you will learn a lot about music.
  erfährst du eine Menge über Musik.

Der *if*-Satz kann auch nach dem Hauptsatz stehen. In diesem Fall entfällt das Komma:

- Hauptsatz: *will-future*

  You will learn a lot about music
  Du erfährst eine Menge über Musik,

- *if*-Satz: *simple present*

  if you read this book.
  wenn du dieses Buch liest.

Im Hauptsatz kann auch

- *can* + Infinitiv,

  If you go to London, you can see Bob.
  Wenn du nach London fährst, kannst du Bob treffen.

- *must* + Infinitiv,

  If you go to London, you must visit me.
  Wenn du nach London fährst, musst du mich besuchen.

- der Imperativ

  If it rains, take an umbrella.
  Wenn es regnet, nimm einen Schirm mit.

stehen.

Verwendung
Bedingungssätze vom Typ I verwendet man, wenn die **Bedingung erfüllbar** ist. Man gibt an, was unter bestimmten Bedingungen **geschieht** oder **geschehen kann**.

Konditionalsatz Typ II

Bildung

- *if*-Satz (Bedingung): *simple past*

  If I went to London,
  Wenn ich nach London fahren würde,

- Hauptsatz (Folge): *conditional I = would* + Infinitiv

  I would visit the Tower.
  würde ich mir den Tower ansehen.

Verwendung
Bedingungssätze vom Typ II verwendet man, wenn die **Bedingung nur theoretisch erfüllt** werden kann oder **nicht erfüllbar** ist.

Konditionalsatz Typ III

Bildung
- *if*-Satz (Bedingung): *past perfect*

If I had gone to London,
Wenn ich nach London gefahren wäre,

- Hauptsatz (Folge): *conditional II = would + have + past participle*

I would have visited the Tower of London.
hätte ich mir den Tower of London angesehen.

Verwendung
Bedingungssätze vom Typ III verwendet man, wenn sich die **Bedingung auf die Vergangenheit bezieht** und deshalb **nicht mehr erfüllbar** ist.

14 Relativsätze – *Relative Clauses*

Ein Relativsatz ist ein Nebensatz, der sich **auf eine Person oder Sache** des Hauptsatzes **bezieht** und diese **näher beschreibt**:

The boy who looks like Jane is her brother.
Der Junge, der Jane ähnlich sieht, ist ihr Bruder.

- Hauptsatz:
- Relativsatz:

The boy … is her brother.
… who looks like Jane …

Bildung
Haupt- und Nebensatz werden durch das Relativpronomen verbunden.
- ***who*** (Nominativ oder Akkusativ),

Peter, who lives in London, likes travelling.
Peter, der in London lebt, reist gerne.

whose (Genitiv) und	Sam, whose mother is an architect, is in my class. *Sam, dessen Mutter Architektin ist, geht in meine Klasse.*
whom (Akkusativ) beziehen sich auf **Personen**,	Anne, whom/who I like very much, is French. *Anne, die ich sehr mag, ist Französin.*
• ***which*** bezieht sich auf **Sachen**,	The film "Dark Moon", which we saw yesterday, was far too long. *Der Film „Dark Moon", den wir gestern sahen, war viel zu lang.*
• ***that*** kann sich auf **Sachen** und auf **Personen** beziehen und wird nur verwendet, wenn die **Information** im Relativsatz **notwendig** ist, um den ganzen Satz zu verstehen.	The film that we saw last week was much better. *Der Film, den wir letzte Woche sahen, war viel besser.*

Verwendung

Mithilfe von Relativpronomen kann man **zwei Sätze miteinander verbinden**.	London is England's biggest city. London has about 7.2 million inhabitants. *London ist Englands größte Stadt.* *London hat etwa 7,2 Millionen Einwohner.*
	London, which is England's biggest city, has about 7.2 million inhabitants. *London, die größte Stadt Englands, hat etwa 7,2 Millionen Einwohner.*

Beachte:

Man unterscheidet zwei Arten von Relativsätzen:

• **Notwendige Relativsätze** *(defining relative clauses)* enthalten Informationen, die **für das Verständnis** des Satzes **erforderlich** sind.	The man who is wearing a red shirt is Mike. *Der Mann, der ein rotes Hemd trägt, ist Mike.*
Hier kann das Relativpronomen entfallen, wenn es Objekt ist; man spricht dann auch von *contact clauses*.	The book (that) I bought yesterday is thrilling. *Das Buch, das ich gestern gekauft habe, ist spannend.*

- **Nicht notwendige Relativsätze** *(non-defining relative clauses)* enthalten **zusätzliche Informationen** zum Bezugswort, die für das Verständnis des Satzes nicht unbedingt notwendig sind. Dieser Typ von Relativsatz wird **mit Komma** abgetrennt.

Sally**,** who went to a party yesterday**,** is very tired.
Sally, die gestern auf einer Party war, ist sehr müde.

15 Indirekte Rede – *Reported Speech*

Die indirekte Rede verwendet man, um **wiederzugeben**, **was ein anderer gesagt** oder **gefragt hat**.

Bildung
Um die indirekte Rede zu bilden, benötigt man ein **Einleitungsverb**.
Häufig verwendete Einleitungsverben sind:

to say, to tell, to add, to mention, to think, to ask, to want to know, to answer

In der indirekten Rede verändern sich die **Pronomen**, in bestimmten Fällen auch die **Zeiten** und die **Orts-** und **Zeitangaben**.

- Wie die Pronomen sich verändern, hängt vom jeweiligen **Kontext** ab.

direkte Rede	**indirekte Rede**
Bob says to Jenny: "I like <u>you</u>." *Bob sagt zu Jenny: „Ich mag dich."*	Jenny tells Liz: "Bob says that he likes <u>me</u>." *Jenny erzählt Liz: „Bob sagt, dass er mich mag."*
Aber:	Jenny tells Liz that Bob likes <u>her</u>. *Jenny erzählt Liz, dass Bob sie mag.*

- **Zeiten**:
  Keine Veränderung, wenn das Einleitungsverb im *simple present* oder im *present perfect* steht:

direkte Rede	**indirekte Rede**
Bob <u>says</u>, "I <u>love</u> dancing." *Bob sagt: „Ich tanze sehr gerne."*	Bob <u>says</u> (that) he <u>loves</u> dancing. *Bob sagt, er tanze sehr gerne.*

In folgenden Fällen wird die Zeit der direkten Rede in der indirekten Rede **um eine Zeitstufe zurückversetzt**, wenn das **Einleitungsverb** im ***simple past*** steht:

	Bob said, "I love dancing." *Bob sagte: „Ich tanze sehr gerne."*	Bob said (that) he loved dancing. *Bob sagte, er tanze sehr gerne.*
simple present → *simple past*	Joe: "I like it."	Joe said he liked it.
simple past → *past perfect*	Joe: "I liked it."	Joe said he had liked it.
present perfect → *past perfect*	Joe: "I've liked it."	Joe said he had liked it.
will-future → *conditional I*	Joe: "I will like it."	Joe said he would like it.

- **Zeitangaben** verändern sich, wenn der Bericht zu einem späteren Zeitpunkt erfolgt, z. B.:
- Welche **Ortsangabe** verwendet wird, hängt davon ab, wo sich der Sprecher im Moment befindet.

now	→	then, at that time
today	→	that day, yesterday
yesterday	→	the day before
the day before yesterday	→	two days before
tomorrow	→	the following day
next week	→	the following week
here	→	there

Bildung der indirekten Frage

Häufige Einleitungsverben für die indirekte Frage sind: to ask, to want to know, to wonder

- **Fragewörter** bleiben in der indirekten Rede **erhalten**. Die **Umschreibung** mit *do/does/did* **entfällt** in der indirekten Frage.

  Tom: "When did they arrive?" – Tom asked when they had arrived.
  Tom: „Wann sind sie angekommen?" – *Tom fragte, wann sie angekommen seien.*

- Enthält die direkte Frage **kein Fragewort**, wird die indirekte Frage mit ***whether*** oder ***if*** eingeleitet:

  Tom: "Are they staying at the hotel?" – Tom asked if/whether they were staying at the hotel.
  Tom: „Übernachten sie im Hotel?" – *Tom fragte, ob sie im Hotel übernachten.*

Befehle/Aufforderungen in der indirekten Rede

Häufige Einleitungsverben sind: to tell, to order, to ask

In der indirekten Rede steht hier **Einleitungsverb + Objekt + *(not) to* + Infinitiv**.

Tom: "Leave the room." – Tom told me to leave the room.
Tom: „Verlass den Raum." – *Tom forderte mich auf, den Raum zu verlassen.*

Anhang

16 Liste wichtiger unregelmäßiger Verben – *List of Irregular Verbs*

Infinitive	Simple Past	Past Participle	*Deutsch*
be	was/were	been	*sein*
begin	began	begun	*beginnen*
blow	blew	blown	*wehen, blasen*
break	broke	broken	*brechen*
bring	brought	brought	*bringen*
build	built	built	*bauen*
buy	bought	bought	*kaufen*
catch	caught	caught	*fangen*
choose	chose	chosen	*wählen*
come	came	come	*kommen*
cut	cut	cut	*schneiden*
do	did	done	*tun*
draw	drew	drawn	*zeichnen*
drink	drank	drunk	*trinken*
drive	drove	driven	*fahren*
eat	ate	eaten	*essen*
fall	fell	fallen	*fallen*
feed	fed	fed	*füttern*
feel	felt	felt	*fühlen*
find	found	found	*finden*
fly	flew	flown	*fliegen*
get	got	got	*bekommen*
give	gave	given	*geben*
go	went	gone	*gehen*
grow	grew	grown	*wachsen*
hang	hung	hung	*hängen*
have	had	had	*haben*
hear	heard	heard	*hören*
hit	hit	hit	*schlagen*
hold	held	held	*halten*
keep	kept	kept	*halten*
know	knew	known	*wissen*

Infinitive	**Simple Past**	**Past Participle**	***Deutsch***
lay	laid	laid	*legen*
leave	left	left	*verlassen*
let	let	let	*lassen*
lie	lay	lain	*liegen*
lose	lost	lost	*verlieren*
make	made	made	*machen*
meet	met	met	*treffen*
pay	paid	paid	*bezahlen*
put	put	put	*stellen/setzen*
read	read	read	*lesen*
ring	rang	rung	*läuten/anrufen*
run	ran	run	*rennen*
say	said	said	*sagen*
see	saw	seen	*sehen*
send	sent	sent	*schicken*
show	showed	shown	*zeigen*
sing	sang	sung	*singen*
sit	sat	sat	*sitzen*
sleep	slept	slept	*schlafen*
smell	smelt	smelt	*riechen*
speak	spoke	spoken	*sprechen*
spend	spent	spent	*ausgeben/ verbringen*
stand	stood	stood	*stehen*
steal	stole	stolen	*stehlen*
swim	swam	swum	*schwimmen*
take	took	taken	*nehmen*
teach	taught	taught	*lehren*
tell	told	told	*erzählen*
think	thought	thought	*denken*
throw	threw	thrown	*werfen*
wake	woke	woken	*aufwachen*
wear	wore	worn	*tragen*
win	won	won	*gewinnen*
write	wrote	written	*schreiben*

Abschlussprüfungsaufgaben Englisch für Realschulen in Baden-Württemberg (Jahrgang 1999) Übungsaufgabe 1

Get your kicks … on Route 66

The "Main Street of America", as Route 66 has often been called, ran over 2,000 miles from Chicago to Los Angeles, reaching across three time zones, eight states, and hundreds of towns. Scenically, it was not the most beautiful road, because the early road builders always took the easiest possible route through mountains and deserts.

Parts of Route 66 started as pioneer trails, as for example, the Old Santa Fe Trail. Then, in 1926, it was named Route 66, and during the following years it was paved all the way to Los Angeles. It carried generations of Americans west: those heading west in search for fame and fortune. Later, in the 1950s, tourists started using the road.

Although today most of Route 66 has been replaced by modern, four-lane Interstate Highways, there are some bits and pieces left where you can still experience the old road. The best and longest section is south of Grand Canyon National Park, where the old road leads to the banks of the Colorado River and the Californian border. This stretch is still named Route 66.

Other parts of this legendary road can only be found in guidebooks or you would have to listen and talk to locals who can tell you about the past, about the old stars who stayed overnight in hotels, about guests who didn't want to leave and were moved by the police. The longer you listen the closer you get to Route 66.

Mildred Baker likes to say, "I'm as old as the road itself. I have lived my entire life in towns along 66, in Arizona, Oklahoma and New Mexico. Look, my café is no longer a busy place, and one day I may just close up and go back to Oklahoma. But quite honestly I'd hate to leave this highway because of the memory and all. No one ever guessed one day you'd be going coast to coast without a stoplight. We thought 66 would be here forever."

Native Americans don't think much of Route 66. Jimmy, a Navaho Indian, is rather unimpressed. "It's the White Man's road. It goes through our land and they pay for it." Yet the popularity of Route 66 is still unbroken. In all the states along the old route fans have come together over the last few years and formed associations. A Route Museum has been opened in Oklahoma, a magazine is even published in Colorado and a number of towns hold their own Route 66 festivals.

A. Text-based tasks

27 pts

1. Decide whether the following statements are right or wrong.	5 pts

a) Another name for Route 66 is "America's Main Road".
b) Route 66 got its name in the 19th century.
c) It is not possible to travel on all the old parts of Route 66.
d) Mildred Baker isn't looking forward to giving up her café.
e) Native Americans want to keep Route 66 alive.

2. Read the text and find information about …	6 pts

a) the reason why Route 66 was not the most beautiful road.
b) the people that used Route 66. (2 items)
c) the difference between Route 66 now and then.
d) events which show us that the popularity of Route 66 is still unbroken. (2 items)

You don't have to write complete sentences.

3. Finish the following sentences using the information from the text.	5 pts

a) Route 66 ran over 2000 miles and …
b) Geographically speaking Route 66 is fascinating because …
c) If you want to get information about the old Route 66, you should …
d) Mildred Baker does not want to leave her home because …
e) The people living along Route 66 find it hard to accept that …

4. Answer the question.	5 pts

Why do you think Route 66 is still so popular today?
Write about 50 words altogether for your answer.

5. Ask questions.	6 pts

You are riding along Route 66 by bike. You talk to the attendant at a gas station and you ask him four questions about the route.

Use four different question forms.

B. Use of language

18 pts

1. Explain **three** of the following words in complete sentences.	6 pts

a) desert (line 4)
b) pioneer (line 5)
c) guidebook (line 14)
d) stoplight (line 22)

2. Find words that mean more or less the same.	3 pts

a) border (line 12)
b) entire (line 18)
c) is published (line 28)

3. Vocabulary – Grammar	9 pts

Read the text. Find the suitable forms of the words and write them down.

During the summer months, Yosemite Valley and the other __________ parks of the USA __________ with people. How can one interpret the fact that such a huge number of __________ from all over the world come to admire the sites and wonders of America's great national parks every year?
They want to see the __________ landscape with its great geysers, the waterfalls, the canyons and the wildlife.
Some congressmen think the number __________ tourists should _______________, because these parks are __________ important for __________ nature.
But in spite of the many people visiting the park, there is still a chance of __________ nature all by yourself if you go in early spring or in late autumn.

a) nation b) crowd
c) visit
d) beauty
e) ?
f) limit
g) real h) protect
i) enjoy

C. Creative writing **27 pts**

1. What would you do or say?	9 pts

Choose **one** of the following situations and write about 60 words.

a) You get the news that you have won a bike trip on Route 66 in a competition.
b) On your trip on Route 66 you see an accident between a car and a bike.
c) The police stops you on your bike because your friend hasn't worn a helmet while riding along with you.

Choose task 2 a) *<u>or</u>* 2 b). Do <u>not</u> work on both tasks!

2. a) Write a letter to the editor.	18 pts

You have read that the last stretch of Route 66 will be closed for cars.
Write a letter to the editor of a magazine and say whether you are for or against it.

Use at least three different arguments.
Write about 120 words. You can start like this:

Dear Reader,
I am in favour of/against the plan of the government because …

If you don't have any arguments yourself, here are some to help you:

+	–
environment fitness public transport	jobs American history tourism

2. b) Write a diary entry.	18 pts

Imagine you have been on a trip along Route 66 with your best friend for one week. On the last evening you tell your diary about your exciting holidays. Write about 120 words.

You can start like this:

Unfortunately our holidays are over now ...

D. Skills and techniques **18 pts**

1. Mediation	10 pts

You and your parents travel on Route 66 and you have a stop at Mildred Baker's Café. Your father is interested in the history of Route 66 and needs your help to ask Mrs. Baker some questions.

a) VATER: Frag bitte Frau Baker, ob wir ihr ein paar Fragen stellen können.

YOU: ______________________ 1 pt

MRS BAKER: Yes, of course. What would he like to know?

DU: ______________________ 1 pt

b) VATER: Frage sie, wie lange sie schon hier lebt.

YOU: ______________________ 1 pt

c) MRS. BAKER: I have lived my entire life in towns along 66 and I have been running this café for more than 20 years now.

DU: ______________________ 2 pts

____

d) VATER: Mich würde interessieren, warum sie sich entschlossen hat, ein Café zu eröffnen.

YOU: ______________________ 1 pt

e) MRS. BAKER: 20 years ago there were many tourists here and so it was quite easy to make money with the café. Even some stars visited me but today it becomes more and more difficult.

DU: ______________________ 3 pts

____

____

f) VATER: Bitte bedanke dich bei Frau Baker und sage ihr, dass wir jetzt leider gehen müssen.

YOU: ______________________ 1 pt

MRS. BAKER: You are welcome. Goodbye!

2. Pass on the information.	8 pts

Route 66 Inn: Williams, AZ US

CHECK OUT OUR SPECIAL DISCOUNT RATES

AAA Approved historic motel, located on the historic Route 66, in the heart of Williams. Only an hour from the Grand Canyon and one block from the historic Grand Canyon Depot. Close to the restaurants and gift shops. Continental breakfast provided (seasonal). Receive 25 % meals discounts at local restaurants. We have a gift shop with Route 66, Grand Canyon, Native American and Arizona souvenirs.

Guest Room Info: Available rooms: 20
Personal Services Offered: Maid service
Hotel Amenity: Free parking, Gift/News-stand, Ice machine
Room Amenity Type: Cable television, Non-smoking, Smoking

Cancellation Policy

The room is held till 6 p.m., for late arrival after 6 p.m., please call and we will be happy to hold the room for you. The cancellation policy is 24 hours, if you wish to cancel a reservation, it must be done by 11 a.m. one day prior to your arrival. If you do not cancel the reservation on time or do not arrive on the day, you will be charged for 1 night. During holidays and special events, cancellation policy is 48 hours, must be cancelled 2 days prior to arrival. There is a 7 day cancellation policy for the family units.

Other Policy

Special Grand Canyon Packages on the train, and mini-bus are available. Non-smoking rooms and two or three bedroom family units with refrigerator and microwave are available.

Family unit – AAA

Two bedroom unit with two queen-size beds in one room and one king-size bed in the second room. It has a refrigerator, microwave, cable color TV with remote control, HBO, telephones, bathroom with bathtub & shower.

Nadine plant mit ihrer Familie eine Fahrt in die USA. Sie wollen ein Motel vorbuchen. Da ihre Eltern nicht so gut Englisch sprechen, hilft Nadine ihnen bei der Sichtung des Materials.

Sie erklärt ihnen, …

a) wo sich das Motel befindet. — 1 pt
b) welche Sehenswürdigkeiten man von dort aus besichtigen kann. (2 Angaben) — 2 pts
c) was das Motel sonst noch bietet. (2 Angaben) — 2 pts
d) aus wie vielen Zimmern eine Familiensuite besteht. — 1 pt
e) wie die Regelung für Stornierungen ist. (2 Angaben) — 2 pts

Lösungen

A. Text-based tasks

1. Decide whether the following statements are right or wrong.

a) wrong (Main Street of America)
b) wrong (1926)
Hinweis: Das 19. Jahrhundert bezeichnet die Zeit von 1801 – 1900.
c) right
d) right
e) wrong

2. Read the text and find information about …

***Hinweis:** Da es nicht anders verlangt wird, kannst du die Antworten wörtlich aus dem Text übernehmen.*

a) It was not the most beautiful road, because the early road builders always took the easiest possible route through mountains and deserts.

b) The first people who used the Route were those heading west in search of fame and fortune. Later, tourists started using the road.

c) Today, most of Route 66 has been replaced by modern, four-lane Interstate Highways.

d) Associations have been formed, a Route Museum has been opened, a magazine is published and festivals are held.
***Hinweis:** Da du nur zwei Items aufzählen sollst, kannst du dir hier zwei Möglichkeiten aussuchen.*

3. Finish the following sentences using the information from the text.

***Hinweis:** Die Aufgabenstellung verlangt von dir, dass du die angefangenen Sätze mit weiteren Informationen aus dem Text vervollständigst. Denke daran, dass der Satz grammatikalisch korrekt beendet werden muss (Zeiten, Personalpronomen, …).*

a) Route 66 ran over 2000 miles and reached across three time zones, eight states and hundreds of towns.

b) Geographically speaking Route 66 is fascinating because it runs through deserts as well as mountains.

c) If you want to get information about the old Route 66, you should look into guidebooks or talk to locals.

d) Mildred Baker does not want to leave her home because she has lived her entire life in towns along Route 66.

e) The people living along Route 66 find it hard to accept that Route 66 is not needed anymore because of the new four-lane Interstate Highways.

4. Answer the question.

Hinweis: *Du kannst bei dieser Aufgabe entweder dem Text Informationen entnehmen oder auch eigene Überlegungen beitragen. Achte jedoch darauf, dass du deine Gedanken sprachlich richtig formulieren kannst.*

Route 66 is still popular today because it has played an important part in American history, having been the first road connecting the West Coast and the East Coast of the USA. That's the reason why a lot of movies and books have been set along Route 66 so that today nearly everyone has heard of it. Route 66 has especially become a myth for bikers, because everybody wants to ride along it at least once in their lives.

5. Ask questions.

Hinweis: *„Use four different question forms" bedeutet, dass sich die Fragen nach folgenden Kriterien unterscheiden müssen: Zeitform, Entscheidungsfrage („yes-/no-question"), Frage mit Fragewort. Bedenke auch, dass situativ unangemessene Fragen mit 0 Punkten bewertet werden.*

a) Where can I get accommodation for tonight?
or: Where can I stay over night?
or: Can you tell me if I can find accommodation near here?

b) How many visitors were there at the Route 66 festival last month?
Hinweis: *Die Frage muss wegen „last month" im „Simple Past" stehen.*
or: Were there a lot of visitors at the Route 66 festival last month?

c) Have there been any serious accidents nearby?
or: Were there any serious accidents nearby?

d) Are there any TV series about Route 66?
or: Are they going to make a TV series about Route 66?

B. Use of language

1. Explain **three** of the following words in complete sentences.

Hinweis: *Denke daran, dass du hier die Wörter in ganzen Sätzen erklärst. Ein Satz, in dem das Wort nur vorkommt, ist keine Erklärung.*

a) A desert is a large area of land that has very little water and very few plants in it.

b) A pioneer is someone who is one of the first to go into an area or a country to settle or work there.

c) A guidebook is a book for tourists, which gives information about a place.

d) Stoplight is the synonym of traffic lights.

2. Find words that mean more or less the same.

Hinweis: *Hier sollst du Wörter oder Begriffe finden, die dieselbe Bedeutung haben wie die angegebenen Wörter. Die Zeilenangabe verweist auf die Satzteile, in die sie eingebettet sind. Auch die neuen Wörter müssen genau in den Text passen.*

a) border = frontier

b) entire = whole

c) is published = is printed **and** sold

3. Vocabulary – Grammar

Hinweis: *Bei dieser Aufgabe werden verschiedene Grammatikprobleme abgefragt. Wichtig ist, dass du zuvor den ganzen Text genau durchliest und dann überlegst, in welcher Form die Wörter am rechten Rand am besten in den Text passen. Die Reihenfolge ist bereits vorgegeben.*

a) national	b) are crowded	c) visitors
d) beautiful	e) of	f) be limited
g) really	h) protecting	i) enjoying

C. Creative writing

1. What would you do or say?

Hinweis: *Wähle eine Situation aus und überlege dir, was du hier tun würdest. Deine Fantasie ist hierbei gefragt, aber denke daran, dass du deine Ideen auch sprachlich ausdrücken können musst. Verwende „would" bei Sätzen im „Conditional". Du kannst aber auch schreiben, was du in der entsprechenden Situation sagen würdest. Achte auf die Wortzahl bei der Bearbeitung, denn es werden bei zu wenigen oder auch zu vielen Wörtern Punkte abgezogen.*

a) First, I would jump up and down and shout with joy because I have never won a competition before. After I calmed myself down, I would search the Internet for information about Route 66 or buy some travel books to be prepared for my trip. I would also contact the organisation to find out about the other members on the tour. *(61 words)*

b) First of all, I would check if everybody was all right and if there were any injured people. If anybody was seriously hurt, I would give first aid and help the person. After that I would try to find someone to control the traffic so that nothing else would happen. That would give me some time to inform the police by mobile. *(62 words)*

c) "Sir, I was in a terrible hurry because my friend had to get to his parents very quickly. My friend got a phone call from his father telling him to come home immediately. I just wanted to help my friend and so we decided to take my bike. The only problem was that he did not have a helmet. I promise not to do it again." *(66 words)*

Hinweis: *In dem nun folgenden Teil musst du dich zwischen einem Leserbrief und einem Tagebucheintrag entscheiden. In beiden Aufgaben können dir die vorgegebenen Begriffe helfen, du kannst aber auch andere Ideen anführen. Solltest du beide Aufgaben bearbeiten, wird nur die erste Aufgabe gewertet, auch wenn die zweite sprachlich und inhaltlich besser sein sollte. Lies dir, bevor du zu schreiben beginnst, beide Aufgabenstellungen genau durch und entscheide dich dann für die Aufgabe, die dir besser liegt. Wenn du das Thema nicht richtig erfasst, zählt die gesamte Aufgabe 0 Punkte. Achte auch immer auf die Zeit, in der du den Text schreibst. Schreibe insgesamt ungefähr 120 Wörter. Wenn du weniger Wörter schreibst, gibt es Punktabzug. Die Gesamtpunktzahl setzt sich aus maximal 6 Punkten für den Inhalt und 12 Punkten für die Sprache zusammen.*

2. a) Write a letter to the editor.

Hinweis: *Hier findest du zwei Ausarbeitungen, eine mit einer Zustimmung zu dem Plan der Regierung und eine mit einer Ablehnung. Deinen eigenen Brief kannst du mit der passenden Lösung vergleichen.*

Dear Reader,

I am in favour of the plan of the government, because I think that we really have to look after our environment. We have to protect nature and animals for future generations. Maybe we could do something to keep fit, too. Instead of taking the car we could ride our bikes on that last stretch of Route 66 and could therefore enjoy the countryside even more. We could have time to look at the mountains, rivers and lakes, and we would be able to watch the animals.
Maybe the government could arrange public transport, so that there would not be too much pollution and people could still travel comfortably.
So I fully accept the plan of the government and I hope you do too!

Yours, … *(128 words)*

oder:

Dear Reader,

I am against the plan of the government because we should not forget that Route 66 has a special significance in American history and that it was originally planned for cars. I think it is a symbol of freedom because you can move easily from east to west. It is always the same: Americans build something which is used for generations, and the government takes it away.

There may also be severe economic consequences of such an act. Closing the road for cars would destroy tourism and cause unemployment to increase among those living near the road and earning their living from it. There is nothing else for them to do there, and it would be a disaster for them. In my opinion, the government should leave the last stretch of Route 66 open.

Yours, … *(138 words)*

2. b) Write a diary entry.

Hinweis: *Wenn du einen Tagebucheintrag schreibst, darfst du das Datum nicht vergessen. Denke daran: Du bist noch in den USA. Das kann Auswirkungen auf den Gebrauch der Zeiten haben. Wenn du über etwas schreibst, das du erlebt hast, ist „Past Tense“ angezeigt; wenn es allgemein gültige Angaben sind, musst du „Present Tense“ verwenden.*

Sunday, August 2nd

Unfortunately our holidays are over now. I am sitting in my room writing about the fabulous days I have had here. It all started in Flagstaff, Arizona, on Monday. We only had one week for the trip. I was perfectly equipped and my bike was a Harley. The tour was split into short distances – not more than 200 miles a day. Whenever it was possible, we rode along the traditional route. Our tour guide also showed us some highlights along the way, such as ghost towns and much more. On Wednesday, we visited a Casino in Las Vegas and I even won a few dollars. We always stayed in one of those traditional motels over night. I am tired now but filled with fantastic impressions.

(128 words)

D. Skills and techniques

1. Mediation

Hinweis: *Bei der Aufgabe Mediation wird von dir verlangt, die Rolle des Dolmetschers zu übernehmen. Vermittle dabei zwischen einem Amerikaner und jemandem, der kein Englisch spricht. Bei Fragen kannst du diese in der direkten oder indirekten Form verwenden.*

a) VATER: Frag bitte Frau Baker, ob wir ihr ein paar Fragen stellen können.

YOU: Can my father ask you some questions?/My father wants to know if he can ask you some questions.

MRS BAKER: Yes, of course. What would he like to know?

DU: Ja, natürlich. Sie fragt, was du wissen möchtest.

b) VATER: Frage sie, wie lange sie schon hier lebt.

YOU: How long have you been living here?

c) MRS. BAKER: I have lived my entire life in towns along 66 and I have been running this café for more than 20 years now.

DU: Sie hat ihr ganzes Leben in Städten entlang der Route 66 gelebt und sie führt dieses Café jetzt schon seit mehr als 20 Jahren.

d) VATER: Mich würde interessieren, warum sie sich entschlossen hat, ein Café zu eröffnen.

YOU: My father would like to know why you decided to open a café.

e) MRS. BAKER: 20 years ago there were many tourists here and so it was quite easy to make money with the café. Even some stars visited me but today it becomes more and more difficult.

DU: Vor 20 Jahren gab es hier viele Touristen und deshalb war es ziemlich einfach, mit einem Café Geld zu verdienen. Sogar einige Stars besuchten mich, aber heute wird es immer schwieriger.

f) VATER: Bitte bedanke dich bei Frau Baker und sage ihr, dass wir jetzt leider gehen müssen.

YOU: Thank you, Mrs. Baker. Unfortunately, we have to go now.

MRS. BAKER: You're welcome. Goodbye!

2. Pass on the information.

Hinweis: *Die Antworten werden auf Deutsch verlangt. Entnimm dem Text die nötigen Informationen und gib sie sinngemäß wieder. Dabei gibt es unterschiedliche Möglichkeiten, diese zu formulieren. Namen müssen nicht übersetzt werden. Achte bei der Länge deiner Antworten auf die zu vergebende Punktzahl. Pro Angabe gibt es einen Punkt.*

Sie erklärt ihnen:

a) Das Motel befindet sich an der Route 66 im Herzen von Williams.

b) Vom Motel aus kann man den Grand Canyon und das Grand Canyon Depot besichtigen.

c) Das Motel bietet außerdem Zimmerservice, kontinentales Frühstück, freies Parken, einen Souvenirladen und eine Maschine für Eiswürfel.

Hinweis: *Da du nur zwei Items aufzählen sollst, kannst du dir hier zwei Möglichkeiten aussuchen.*
Der Ausdruck „maid service" bedeutet Zimmerservice.
Eine „ice machine" stellt in Amerika Eiswürfel her und kein Speiseeis.

d) Die Familiensuite besteht aus zwei Schlafzimmern.

e) Wenn man absagen muss, sollte dies bis spätestens 11 Uhr einen Tag vor der geplanten Ankunft geschehen.
Wenn man zu spät absagt oder an dem Tag nicht kommt, muss eine Übernachtung gezahlt werden.
In den Ferien oder bei besonderen Veranstaltungen muss man sogar zwei Tage vorher absagen.
Die Familiensuite muss man sieben Tage im Voraus absagen.
Hinweis: *Suche dir von den vier Angaben zwei aus.*

Abschlussprüfungsaufgaben Englisch für Realschulen in Baden-Württemberg (Jahrgang 2000) Übungsaufgabe 2

The whale lives on

In the 1700s and 1800s, natural resources from the sea were even more important than they are today. The animals that the fishermen who lived on the coasts of North America used to hunt were the whales, the largest animals on earth.

Looking for whales and spending months at sea, the early whalers invented a form of art, called scrimshaw, that lives on today. Scrimshaw is the art of drawing or carving pictures on the teeth or bones of whales. Scrimshaw was one way of recording places and things that whalers had seen. Jeremy Fletcher was one of those whalers.

It was a warm afternoon in the spring of 1845. Jeremy Fletcher sat on the deck of a whaling ship on its way to the hunting grounds of the Pacific Ocean. Jeremy had a 15 centimetre-long tooth of a male whale in his left hand. The whale had been over 18 metres long. With the sharp point of a sailmaker's needle, Jeremy scratched several lines into the tooth's white surface. Within a few minutes he had formed a picture showing the ship he was sailing on and a whale spouting water. Finally he used a coloured liquid to darken the lines so they would stand out.

History tells us that during the 1800s most American homes had whale oil lamps. Whale oil was collected by whaling ships. That was one of the reasons why the whales were killed in great numbers. The business of whaling led to the growth of towns and the creation of jobs. Soon, American whaling ships were supplying whale oil to the world.

Sadly, a lot of whales were killed and some kinds have almost disappeared. When they became harder to find, whale oil became more expensive to collect, and other types of oil were used instead. Of course, fishermen no longer kill whales in such great numbers today. In fact, most countries of the world have banned their killing.

However, in present-day America you can go out on boats to see and photograph whales. Can you imagine the thrill of seeing a huge whale leaping almost entirely out of the water near your boat? But you needn't be afraid – whales are not dangerous to people.

A. Text-based tasks

27 pts

1. Match the six correct headings with the paragraphs in the text.
Write down the lines "line… – …" (One of the headings does not match.) 3 pts

a) A scrimshaw artist
b) Reasons for killing whales
c) Techniques of whale hunting
d) A description of the artistic technique
e) A tourist attraction
f) The importance of whale hunting in the past
g) Effects of whale hunting

2. Read the text and find information about … 6 pts

a) scrimshaw. (2 items)
b) the picture Jeremy scratched into the whale tooth.
c) why the Americans needed whale oil during the 1800s.
d) why other types of oil are used today. (2 items)

You do not have to write complete sentences.

3. Decide whether the following statements are right, wrong or not in the text. 6 pts

a) Lots of whales were killed for whale oil.
b) Jeremy killed a whale that had been 18 metres long.
c) Today, scrimshaw pictures are scratched into plastic teeth.
d) Today in most countries it is no longer legal to kill whales.
e) The whale oil was only used in American towns.
f) Whales are very dangerous animals.

4. Answer the question. 6 pts

What was it like to be a whaler in the 1800s?
Write about 60 words for your answer.

5. Ask questions. 6 pts

Jack has been to the cinema. He saw the film "Free Willy". You are his friend and you haven't seen the film yet. Ask him four questions about the film.

Use four different question forms.

B. Use of language

18 pts

1. Find words or expressions that mean more or less the same. 3 pts

a) looking for (line 5)
b) finally (line 17)
c) huge (line 28)

2. Write down the opposites.	4 pts

Read the sentences and write down the opposites to complete them.

a) Scrimshaw helps us to remember the whaling past, but we shouldn't __________ that whales had to be killed before pictures could be carved on their teeth.
b) Today, whales are hard to find. But even during Jeremy Fletcher's time it was not __________ to find them.
c) When whale oil became more expensive, people used __________ types of oil instead. This helped them to save money.
d) Sadly, a lot of whales were killed in the past, but __________ most countries have banned their killing.

3. Vocabulary – Grammar	11 pts

Read the text. Find the suitable forms of the words and write them down.

Not long ago everybody was talking about "Free Willy". He was a whale, and the star of a very __________ film, in which a young boy fights to save Willy from an __________ park __________ who wants to kill him for the insurance money. At the end of the film Willy is able to return to the __________ of the ocean. Fans __________ to discover that after the film, __________ had not changed for Willy at all. He was still living in the marine park in Mexico City in a tank, which __________ too small and too warm for him. After a two-year international campaign that thousands of children supported all over the world, Willy went on an extraordinary journey. __________ put him in a special container on a huge plane and flew him to Iceland, where they __________ took him to a __________ bay. Though many scientists are sceptical, they hope that Willy will learn to survive in the ocean again. Experts are watching his progress. They __________ when they can let him swim to freedom in the open seas.

- a) success
- b) to amuse c) to own
- d) free
- e) to shock
- f) to live
- g) to be
- h) environment
- i) final
- j) to protect
- k) to decide

C. Creative writing **27 pts**

1. Give your opinion.	9 pts

Choose **one** of the following statements and write about 60 words.

a) It's useless to keep up traditions like "scrimshaw".
b) We shouldn't disturb whales by getting too close to them.
c) We all must support environmental groups.

Choose task 2 a) *or* 2 b). Do not work on both tasks.

In her last summer holidays Anne, a 16-year-old girl from Australia, was visiting her uncle in Tofino, Canada. A special surprise at the end of her stay was a day trip on a whale watching ship. The following information may help you to do either task a) or b).

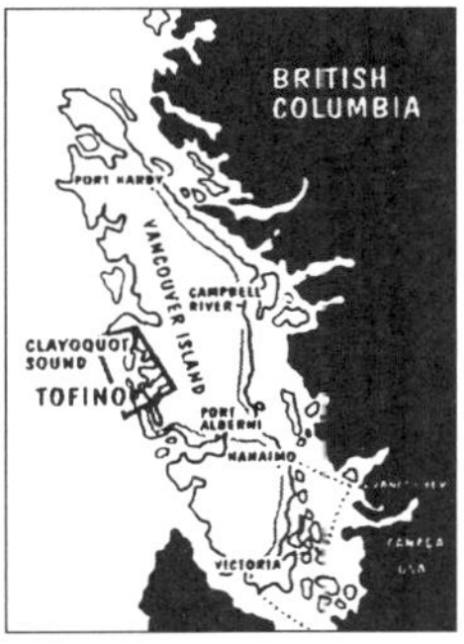

Arriving at Tofino: harbour / tickets

On the ship: captain / instructions / life-jackets

The whale watching tour: atmosphere / passengers / waiting for the whales / cameras

End of the trip?

2. a) Write a report.	18 pts

Write Anne's report for her school magazine and find a suitable heading.
Write about 120 words.
On August 15th, we left my uncle's house …

2. b) Write a dialogue.	18 pts

After the trip on the whale watching ship, Anne talks to her cousin Liz about it.

LIZ: Oh, back home again? Did you enjoy the trip today?
ANNE: Well, yes it was quite …

Finish the dialogue and write about 120 words.

D. Skills and techniques **18 pts**

1. Mediation	8 pts

Peter is on holiday in Monteray with his parents and his 10-year-old sister Beate. The family wants to go on a whale watching tour. Because his parents don't speak English well enough, they ask him to go to the ticket office to get some information. Imagine you are Peter. What would you say to the receptionist?

a) Frage nach, ob man hier Waltouren buchen kann. 1 pt
b) Sage, dass ihr eine Familie seid und ihr heute gerne eine Tour machen wollt. 2 pts
c) Nachdem heute alle Touren ausgebucht sind, fragst du, wann es die nächste Möglichkeit gibt, an einer Tour teilzunehmen. 2 pts
d) Du sagst, dass du erst deine Eltern fragen musst und willst wissen, ob sie eine Informationsbroschüre haben, die du ihnen zeigen kannst. 3 pts

2. Pass on the information.	10 pts

Monterey Bay Whale Watch Trips

Schedule and Rates
We have two seasons for whale watching:

Winter and early spring (December 13 to April 30) for Gray Whales and Dolphins.
Late spring, summer and fall (May 1 to December 12) for Humpback Whales, Blue Whales and Dolphins.
In addition to scheduled trips, special group trips can be arranged during both seasons.

Winter and Spring Whale Watch – December 13 through April 30
Gray Whales, Dolphins, Killer Whales – 3 hour trips
Junior Marine Biologist for children
Cost: Adults $ 27, Children twelve and under $ 18, Children three and under are free
Trips start December 13 and run through April 30.
Daily trips: 10:00 a.m. and 1:30 p.m. There are no trips on Christmas Day (December 25).

Trip Preparation
Location: Trips depart from Sam's Fishing Fleet, which is located on Monterey's Fisherman's Wharf (Wharf #1). After parking, walk down the Wharf with all the restaurants and shops; near the end turn right at the Wharfside Restaurant and you will see a large red sign that says "Sam's", and a sign below, "Monterey Bay Whale Watch". You should check in 1/2 hour before your departure time.
Parking: Park in the main Fisherman's Wharf parking lot, next to the marina. Follow the signs. It is a ticketed gate and you pay when you leave.
To Wear: Dress warmly, layers are best. Dress warmly regardless of the time of year, since it is always cooler on the ocean than it is on land. Long pants with jacket and closed soft-sole shoes are best.
To Bring: Bring along anything you will want to eat or drink during the trip. No food is available on the boat. Snacks and sodas are available on the wharf. Sunscreen, sunglasses, and hats are helpful. Bring binoculars, cameras, and video cameras if you have them.

Peter hat eine Informationsbroschüre erhalten und nun erklärt er seinen Eltern, …

a) wie das Parksystem funktioniert. 1 pt
b) wie viel die Tour für die Familie kostet. 1 pt
c) wo das Schiff ablegt. 1 pt
d) wie man dort hinkommt. (2 Angaben) 2 pts
e) wann das Schiff ablegt und wann man spätestens dort sein sollte. 2 pts
f) warum ein T-Shirt nicht ausreicht. 1 pt
g) was man sonst noch mitnehmen sollte. (2 Angaben) 2 pts

Lösungen

A. Text-based tasks

1. Match the six correct headings with the paragraphs in the text.
Write down the lines "line… – …" (One of the headings does not match.)

a) A scrimshaw artist (line 5 – 10)
b) Reasons for killing whales (line 19 – 22)
c) Techniques of whale hunting (This heading does not match.)
d) A description of the artistic technique (line 11 – 18)
e) A tourist attraction (line 27 – 29)
f) The importance of whale hunting in the past (line 1 – 4)
g) Effects of whale hunting (line 23 – 26)

2. Read the text and find information about …

Hinweis: *Da es nicht anders verlangt wird, kannst du die Antworten wörtlich aus dem Text übernehmen.*

a) Scrimshaw is the art of drawing or carving pictures on the teeth or bones of whales and it was one way of recording places and things that whalers had seen.
b) He scratched a picture showing the ship he was sailing on and a whale spouting water. ***Hinweis:*** *Im Text wird das „Past Perfect" verwendet („had formed"). Das darfst du so nicht übernehmen, da die Frage im „Simple Past" steht.*
c) During the 1800s, most American homes had whale oil lamps.
d) When the whales became harder to find, whale oil became more expensive to collect and today most countries of the world have banned their killing.

3. Decide whether the following statements are right, wrong or not in the text.

Hinweis: *Du musst in dieser Aufgabe nur schreiben, ob die Aussage richtig oder falsch ist oder ob darüber gar keine Information im Text vorhanden ist. Du brauchst keine Begründung abzugeben*

a) right
b) not in the text
Hinweis: *Es stimmt, dass der Wal mehr als 18 Meter lang war, aber es steht nicht im Text, dass Jeremy ihn getötet hat.*
c) not in the text
d) right
e) wrong
f) wrong

4. Answer the question.

Hinweis: *Hier kannst du keine Informationen aus dem Text übernehmen. Das bedeutet, dass deine eigene Vorstellungskraft gefragt ist. Vielleicht hast du schon einmal einen Film gesehen oder ein Buch über Walfang gelesen.*

I think being a whaler was a hard job in those days, because killing whales was dangerous. They didn't have today's technical equipment. The whalers often killed the whales from small boats with harpoons and therefore risked their lives.
When they were on board of the ship, the whales had to be cut into pieces, which was dirty and smelly work.

5. Ask questions.

Hinweis: *Achte bei dieser Aufgabe besonders darauf, dass du verschiedene Frageformen anwendest, wie es in der Aufgabenstellung ausdrücklich verlangt wird. Fragen, die z. B. mit „How about ...?" beginnen, sind in diesem Sinne keine richtigen Fragen. Suche dir am besten für jede Frage ein anderes Fragewort aus und wechsle mit Ja- und Nein-Fragen ab. Verwende zudem Fragen in unterschiedlichen Zeitformen. Formuliere stets sinnvolle Fragen. Inhaltlich unpassende Fragen werden mit 0 Punkten bewertet.*

Fragen mit Fragewort
- Which / What scene did you like best?
  or: Which scene impressed you most?
- How much did you pay for the ticket?
  or: How much were the tickets?
  or: How much did the tickets cost?
- What was the ending like?
  or: What happened at the end?
- What did you think of the film?

Ja- und Nein-Fragen
- Did you like the film?
- Can you tell me in a few words what the film was about?
- Were there any comments after the film?

Fragen in anderen Zeitformen
- Have you seen an animal film like this before?
- Do you know the names of some of the actors?

B. Use of language

1. Find words or expressions that mean more or less the same.

Hinweis: *Hier sollst du andere Begriffe für die gegebenen Wörter finden. Die Textstellen sind angegeben, die gefundenen Wörter müssen also in den Text passen.*

a) searching for / seeking / trying to find

b) in the end

c) massive / giant / gigantic / enormous
Hinweis: *Das Wort „big" ist zu ungenau. Es ist falsch, „large" oder „tall" zu schreiben, da diese Wörter eine andere Bedeutung haben!*

2. Write down the opposites.

Hinweis: *„Opposites“ sind Wörter oder Begriffe, die das Gegenteil bedeuten. Deine Lösungen müssen grammatikalisch korrekt in die Lücken des Textes passen.*

a) forget

b) easy

c) cheaper
Hinweis: *Hier musst du die Steigerung verwenden.*

d) fortunately / luckily / happily
Hinweis: *Hier musst du ein Adverb einsetzen.*

3. Vocabulary – Grammar

Hinweis: *Bei dieser Aufgabe werden verschiedene Grammatikprobleme abgefragt. Wichtig ist, dass du zuvor den ganzen Text genau durchliest und dann überlegst, in welcher Form die Wörter am rechten Rand am besten in den Text passen. Die Reihenfolge ist bereits vorgegeben.*

a) success	b) amusement	c) owner	d) freedom
e) were shocked	f) life	g) was	h) environment
i) finally	j) protected	k) will decide	

C. Creative writing

1. Give your opinion.

Hinweis: *Bei dieser Aufgabe sollst du dir eine von drei Aussage aussuchen und zunächst entweder zustimmen oder ablehnen und dann deine Haltung in ca. 60 Wörtern begründen. Wenn du weniger schreibst, bekommst du Punktabzug. Du darfst zudem nur eine Aussage bearbeiten. Solltest du zwei oder gar alle drei bearbeiten, wird nur die Bearbeitung der ersten Aussage gewertet.*

Zustimmung	***Ablehnung***
Yes, that's right.	*No, that's wrong.*
I think so, too.	*I don't think so.*
I agree (with this statement).	*I don't agree / I disagree.*
I am of the same opinion.	*I am not of the same opinion.*

Wenn du dich nicht entscheiden kannst, kannst du auch „That depends ...“, „On the one hand ..., on the other hand“ etc. schreiben.

a) I do not agree. We have to keep up traditions, because they are part of life, and they build a bridge between the generations. They are an important part of history and we learn from them. If we grew up without traditions, we would not know who we really are. Traditions help us to form our own identity. *(58 words)*

b) I agree. Today, people are so curious and want to see everything that they do not care what they might disturb. Whales need somewhere to live in peace. Otherwise there will be fewer and fewer whales in the world. If people learn more about whales, they should watch a documentary about these animals instead of photographing them from a boat. *(60 words)*

c) I agree with the statement. Environmental groups do a lot to save the earth or wildlife. Because nature cannot help itself, we are responsible for protecting it. These groups work very hard to do this, so they need our support and also some money. If people are active in environmental groups, they preserve nature for future generations. *(57 words)*

Hinweis: *In dem nun folgenden Teil musst du dich zwischen einem Bericht und einem Dialog entscheiden. In beiden Aufgaben können dir die vorgegebenen Begriffe helfen, du kannst aber auch andere Ideen anführen.*
Beachte aber: Wenn du dich für den Bericht entscheidest, schreibst du über etwas, das schon geschehen ist, d. h., du musst den Text im „Simple Past" schreiben.
Denke beim Dialog daran, dass du noch in Kanada bist. Das hat Auswirkungen auf den Gebrauch der Zeiten: Wenn du über etwas schreibst, das du erlebt hast, ist „Past Tense" angezeigt; wenn es allgemein gültige Angaben sind, musst du „Present Tense" verwenden. Ein Dialog lebt davon, dass sich die Gesprächsbeiträge sowohl inhaltlich als auch sprachlich aufeinander beziehen. Dies bringt man durch bestimmte Floskeln zum Ausdruck, z. B.: „Yes, …" / „No, …" / „Well …" / „…, isn't it?"

2. a) Write a report.

An Exciting Holiday

On August 15th, we left my uncle's house early in the morning. My uncle said he had a surprise for me. He took me to the harbour, where he bought tickets for a three-hour trip on a whale watching ship. I was really excited because I had always wanted to go on a trip like that.
On the ship, the captain gave us instructions in case of emergency. He told us where we would find the life-jackets and how to put them on.
Then all the passengers were waiting for the whales. Suddenly, a big whale came up to our ship and everyone took lots of photos. After the tour we were happy because the trip had been a great success. *(123 words)*

2. b) Write a dialogue.

LIZ: Oh, back home again? Did you enjoy the trip today?
ANNE: Well, yes it was quite interesting because it was my first trip on a whale watching ship.
LIZ: Really! Well, we do the trips regularly because Dad loves whales. Actually, I think they're a bit boring.
ANNE: No, I wouldn't say that. First the captain had a few problems finding some whales but then we saw all different kinds. Your father tried to explain the difference but I was so excited that I didn't really listen.
LIZ: This time of the year you can see a lot of orcas.
ANNE: Are those the black and white fish?
LIZ: Yes, they're black and white but they're mammals, not fish.
ANNE: Anyway, I took millions of photos to show my friends when I get back to Germany. *(136 words)*

D. Skills and techniques

1. Mediation

Hinweis: *Bei dieser Aufgabe handelt es sich nicht um eine direkte Dolmetschaufgabe. Du hast von deinen Eltern den Auftrag, Informationen einzuholen. Aus diesem Grund sollen die Fragen nicht indirekt gestellt werden (nicht: "My parents want to know…").*

a) Can we book whale watching tours here?
Or: Is it possible to book whale watching tours here?

b) We are a family (of four) and would like to go on a tour today.

c) When can we get on the next tour?

d) I have to/must ask my parents first. Have you got a brochure/leaflet (that/which) I can show them?

2. Pass on the information.

Hinweis: *Die Antworten werden auf Deutsch verlangt. Entnimm dem Text die nötigen Informationen und gib sie sinngemäß wieder. Dabei gibt es unterschiedliche Möglichkeiten, diese zu formulieren. Namen müssen nicht übersetzt werden. Achte bei der Länge deiner Antworten auf die zu vergebende Punktzahl. Pro Angabe gibt es einen Punkt.*

Peter erklärt seinen Eltern:

a) Es gibt einen Parkplatz neben dem Hafen. Wir müssen erst bezahlen, wenn wir wegfahren.

b) Erwachsene bezahlen $ 27. Ich bin über 12 Jahre alt und muss daher auch $ 27 bezahlen. Nur Beate zahlt weniger, nämlich $ 18.
Hinweis: *Es reicht hier vollkommen aus, wenn du nur angibst, wer wie viel zu bezahlen hat. So verrechnest du dich nicht versehentlich.*

c) Das Schiff legt von Sam's Fishing Fleet beim Fisherman's Wharf ab.
Hinweis: *Namen müssen nicht übersetzt werden.*

d) Wir müssen nach dem Parken am Kai entlang an den Restaurants und Läden vorbeigehen. Kurz vor dem Ende beim Wharfside Restaurant soll man rechts abbiegen. Dann sieht man schon ein rotes Schild mit „Sam's" und darunter ist ein Schild mit „Monterey Bay Whale Watch".

e) Die Touren sind täglich um 10.00 und 13.30 Uhr und man soll eine halbe Stunde vor der Abfahrt dort sein.
Hinweis: *Diese Frage musst du mithilfe verschiedener Textteile beantworten. Bei den Preisen stehen die Abfahrtszeiten und bei der Wegbeschreibung findest du die Angabe, wie lange vor der Abfahrt man da sein soll.*

f) Es ist auf dem Wasser immer kälter als an Land.

g) Man sollte etwas zu essen und zu trinken mitnehmen, da es auf dem Schiff nichts gibt. Auch Sonnenschutz (Sonnencreme, Sonnenbrille und Hut) ist sinnvoll.
Wenn man möchte, kann man auch Fernglas, Fotoapparat und Videokamera mitbringen.
Hinweis: *Die Antwort sollte ein vollständiger Satz sein – zähle deshalb nicht nur zwei Dinge auf. In der Musterlösung findest du eine Auswahl an Möglichkeiten.*

Abschlussprüfungsaufgaben Englisch für Realschulen in Baden-Württemberg (Jahrgang 2001) Übungsaufgabe 3

Going to camp

For a lot of families who live in America and Great Britain summer vacations can be a problem. Many mothers work full-time, and there is no one at home to look after the kids while they are off school. So holiday camps are the ideal solution for many families.

About five million American youngsters between 6 and 21 set off for camp every summer. With a summer break of nearly three months, going to camp is a part of life for millions of them. They can choose among 10,000 camps throughout the USA.

Going to camp is becoming popular in Britain, too. The growing number of children's holiday centres shows that they are even attracting young Americans. 13-year-old Chip from Houston says: "Most years, I used to go to camp in Dallas and other places. I did water skiing and stuff like that. But last summer I went to a British camp in Wales and spent a week hill walking, rock climbing and canoeing with a group of 11 to 13-year-olds. It was great."

Most of the camps offer traditional activities such as hiking, riding as well as singing round the camp fire. But there are other kinds of camps, where some kids can get help to improve their grades at school. Hi-tech camps teach computer skills. Athletic camps are also very popular. Youngsters can improve their skills in tennis, golf, or other sports with a training program of about 30 hours a week. They are looked after by counsellors who are often university students and other young people doing summer jobs. A number of these counsellors come from abroad. For non-native speakers among the counsellors it is a great chance to improve their language skills.

What do parents and their children expect to get out of summer camps? There are a few weeks of healthy outdoor living. Many choose camps especially for the social skills which are taught – making friends, living and working together, and becoming independent.

The young people are often a little nervous and many are homesick at first but usually they settle in very quickly. In the end they often find that some of their best friends are from the camp, not from school. And when they have grown up, they like to send their own kids …

Adapted from: Read On, 8/1995 and 5/99, Eilers & Schünemann, Bremen

A. Text-based tasks **27 pts**

1. Read the text and find information about …	9 pts

a) reasons why young people go to summer camps. (3 items)
b) the length of the summer vacation in the USA.
c) different kinds of camps. (3 items)
d) the people who look after the youngsters. (2 items)

2. Finish the following sentences using the information from the text.	6 pts

a) For many families summer vacations can be a problem because …
b) 13-year-old Chip went …
c) Parents and their children expect … (2 items)
d) In the first few days the young people often have problems because …
e) Parents who have been to summer camp …

3. Ask questions.	6 pts

Tom had the chance to experience a camp in the USA. Ask him some questions about …

a) the address of the camp.
b) the price of a two weeks' stay.
c) his reasons for going there.
d) his most exciting adventure at the camp.

Use four different question forms.

4. What would you suggest?	6 pts

Imagine your best friend does not know whether he should go to a summer camp abroad or stay at home alone.
As you have already been to a summer camp, you want to tell him about the advantages. Write down four arguments to help him to make his decision.

B. Use of language **18 pts**

1. Find the words or expressions in the text for …	3 pts

a) the answer to a problem (lines 1–3)
b) to leave for a trip (lines 4–6)
c) a person who advises others or takes care of them (lines 13–20)

2. Find words that mean more or less the same.	2 pts

a) to improve (line 15)
b) abroad (line 19)

3. Find the opposites.	3 pts

a) many (line 3)
b) great (line 12)
c) are taught (line 23)

4. Vocabulary – Grammar	10 pts

Read the text. Find the suitable forms of the words and write them down.

Summer camps are an institution for __________ Americans. __________ much time __________ on outdoor activities there.
However, in recent years __________ sorts of camps __________ popular. There are even special camps for teenagers who are preparing for __________ future jobs. Youngsters attend these camps to learn more about important aspects of the business world. They run imaginary firms, where they buy and sell products, visit companies and learn __________ to behave in different situations. They get advice on things like how to dress for work. But what is even more __________, they learn how to become self-confident and how to be __________ in their __________.

a) youth
b) usual
c) to spend
d) difference
e) to become
f) they
g) ?
h) importance
i) success
j) life

C. Creative writing — 27 pts

1. Give your opinion.	9 pts

Choose **one** of the following statements and write about 60 words.

a) Parents like summer camps because camps are places "to park" their kids.
b) Parents should spend more time together with their kids.
c) Kids become too self-confident and oppose their parents' ideas after staying at a holiday camp.

Choose task 2 a) *or* 2 b). Do not work on both tasks!

2. a) Write a letter. 18 pts

After your stay at a Welsh summer camp, you write a letter to your penfriend in America. You can choose from the following items or use your own ideas.

Write about **120 words**.

2. b) Write a diary entry. 18 pts

You are a girl/boy from London and you are staying at a Welsh summer camp. Write a diary entry about your experiences there. You can choose from the following items or use your own ideas.

Write about **120 words**.

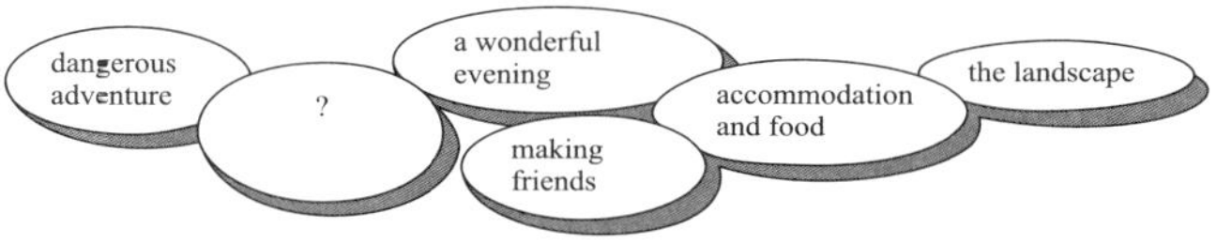

Start your letter like this:

Hi ...,
Guess where I was in July ...

Start your diary entry like this:

Monday, ...

D. Skills and techniques **18 pts**

1. Pass on the information. 9 pts

You want to go to an American summer camp in your summer holidays. You and your parents read some general information on the internet to find out what is best for you. As they do not speak English you help them read the web page.

Check the web page and pass the information on to them in German.

How To Choose A Summer Camp

MAKING A WISE CHOICE

TYPE OF CAMP

Generally, overnight camps are co-ed, all boys, all girls, or brother and sister. In a co-ed camp, there may be interaction between boys and girls through activities or through the use of common facilities such as game and dining hall. Brother/sister camps may provide for some social interaction but normally they have separate activities and facilities for boys and girls. They may be located next to each other or may be miles apart.

PROGRAMS & ACTIVITIES

Most general camps will provide programs in some team sports such as baseball and soccer, individual sports like tennis, and waterfront activities such as swimming and sailing, as well as some outdoor life options in hiking and canoeing. Many of these camps also provide campers with the opportunity to get extra instruction in any of the areas that are offered. In making a decision about camp, it is vital that you and your child look into the total camp program and that you examine the quality of the staff and facilities available to support that program.

Questions you should keep in mind:

- Will the program encourage the child to try new things or things he or she is not skilled in?
- Which activities are offered?
- Is instruction given in each activity?
- How structured is the program? Are there electives (choices the child can make)?
- Is your child willing to spend a major portion of the day in one activity or sport?

a) DEINE ELTERN: Kannst du uns beschreiben, was das Wort „co-ed" bedeutet?

DU: ______________________________ 1 pt

____

b) DEINE ELTERN: Was ist das Besondere an einem „brother/sister camp"? (2 Angaben)

DU: ______________________________ 2 pts

____

c) DEINE ELTERN: Welche Freizeitangebote bieten die Camps in der Regel? (2 Angaben)

DU: ______________________________ 2 pts

____

d) DEINE ELTERN: Du spielst doch gerne Tennis. Gibt es hierfür besondere Angebote?

DU: ____ 1 pt

____

e) DEINE ELTERN: Was soll man bei der Auswahl der Camps besonders berücksichtigen? (3 Angaben)

DU: ____ 3 pts

____

____

2. Mediation	9 pts

You decided to go to a summer camp in America. You meet a German girl there. As she is afraid of speaking English, you need to help her.

a) INSTRUCTOR: Welcome to the Sunny Side Summer Camp. First of all we have to split you into different groups and show you the tents you will have to stay for the next weeks.

LENA: Was hat er gerade gesagt? Ich habe nur verstanden, dass er uns willkommen heißt.

DU: ____ 3 pts

____

____

b) LENA: Frag' doch mal, ob wir nicht zusammen in einem Zelt schlafen können.

YOU: ____ 1 pt

c) INSTRUCTOR: Yes, you can! But don't forget that the tents are divided into different activity groups.

DU: ____ 2 pts

____

d) LENA: Sag ihm, dass wir zusammen Wassersport machen möchten.

YOU: ____ 1 pt

e) INSTRUCTOR: No problem. Go to tent number 11 and we'll meet later in the afternoon for more information.

DU: ____ 2 pts

____

Lösungen

A. Text-based tasks

1. Read the text and find information about …

Hinweis: *Hier sollst du dem Text Informationen entnehmen. Du musst keine vollständigen Sätze schreiben. Achte aber darauf, wie viele Punkte (items) man nennen soll. Du findest hier eine Auswahl an möglichen Antworten.*

a) In many families there is nobody at home to look after the kids during the vacations. Camps offer a few weeks of healthy outdoor living and often social skills are also taught.

b) The summer vacation in the USA is nearly three months long.

c) There are camps that offer traditional activities, camps where kids can get help to improve their grades at school and athletic camps.
Hinweis: *Wenn nicht ausdrücklich dasteht, dass du den Text nicht abschreiben darfst (Don't copy the text!), kannst du auch Textpassagen übernehmen, wenn sie inhaltlich und sprachlich zur Frage passen.*

d) The youngsters are looked after by counsellors who are often university students and other young people doing summer jobs. A number of these counsellors come from abroad.

2. Finish the following sentences using the information from the text.

Hinweis: *Die Aufgabenstellung verlangt von dir, dass du die angefangenen Sätze mit weiteren Informationen aus dem Text vervollständigst. Denke daran, dass der Satz grammatikalisch korrekt beendet werden muss (Zeiten, Personalpronomen, …).*

a) For many families summer vacations can be a problem, because many mothers work full-time and there is nobody at home to look after the kids.

b) 13-year-old Chip went to a British camp in Wales last summer.

c) Parents and their children expect a few weeks of healthy outdoor living and better social skills.

d) In the first few days the young people often have problems because they are often a little nervous and many are homesick.

e) Parents who have been to summer camp like to send their own kids, too.

3. Ask questions.

Hinweis: *Achte bei dieser Aufgabe besonders darauf, dass du verschiedene Frageformen anwendest, wie es in der Aufgabenstellung ausdrücklich verlangt wird. Suche dir am besten für jede Frage ein anderes Fragewort aus. Verwende zudem Fragen in unterschiedlichen Zeitformen.*

a) Where exactly is the camp? / What's the address of the camp?

b) How much did it cost to stay there for two weeks? / How much did you pay for the two weeks?

c) Why did you go there?

d) What was your most exciting adventure at the camp?

4. What would you suggest?

Hinweis: *Du wirst in dieser Aufgabe gebeten, deinen Freund mit Argumenten davon zu überzeugen, dass der Besuch eines Ferienlagers die bessere Entscheidung wäre.*
Von der Gesamtpunktzahl von 6 Punkten werden für jeden „Ratschlag" 1,5 Punkte vergeben. Hier findest du einige Vorschläge:

- I'd advise you to go to a summer camp because you will get to know lots of interesting people there.
  or: … because you can make friends with interesting people there.
  Hinweis: *Der Ausdruck „einen Freund finden"/„sich mit jemandem anfreunden" heißt im Englischen „to make friends with somebody".*
- As you like sports, an athletic camp would be a great experience for you.
- A summer camp in abroad will help you to improve your language skills.
- You can enjoy a few relaxing days without your parents.
- You can do so many different activities that you can't do at home, such as playing golf, rock climbing or even canoeing.
  Hinweis: *Beachte, dass bei Aufzählungen „such as" verwendet wird. Danach folgt das Verb im Gerundium (playing, reading, riding, …).*

B. Use of language

1. Find the words or expressions in the text for …

Hinweis: *Die Wörter, die hier erklärt werden, findest du im Text.*

a) solution
Hinweis: *ohne „ideal"*

b) to set off
Hinweis: *Vergiss nicht „to", da hier nach dem Infinitiv gefragt wird.*

c) counsellor
Hinweis: *Es wird nur nach einer Person gefragt, also darfst du nicht den Plural verwenden.*

2. Find words that mean more or less the same.

Hinweis: *Hier sollst du andere Begriffe für die gegebenen Wörter finden. Da die Zeilen im Text angegeben sind, sollst du Ausdrücke finden, die diese Wörter an der entsprechenden Textstelle ersetzen können. Es geht also nicht um Synonyme im Allgemeinen.*

a) become better
Hinweis: *auch: play tennis or golf better or get better at other sports …*

b) from another country
Hinweis: *auch: from a foreign country oder from other countries*

3. Find the opposites.

Hinweis: *Bei dieser Aufgabe musst du aufpassen. Hier sind auch wieder Zeilenangaben vorgegeben. Deshalb muss das Gegenteil der angegebenen Wörter auch zu diesen Textstellen passen.*

a) few
b) awful/terrible
c) are learnt

4. Vocabulary – Grammar

Hinweis: *Bei dieser Aufgabe werden verschiedene Grammatikprobleme abgefragt. Wichtig ist, dass du zuvor den ganzen Text genau durchliest und dann überlegst, in welcher Form die Wörter am rechten Rand am besten in den Text passen. Die Reihenfolge ist bereits vorgegeben.*

a) young	b) Usually	c) is spent	d) different
e) have become	f) their	g) how	h) important
i) successful	j) lives		

C. Creative writing

1. Give your opinion.

Hinweis: *Bei dieser Aufgabe sollst du dir eine von drei Aussage aussuchen und zunächst entweder zustimmen oder ablehnen und dann deine Haltung in ca. 60 Wörtern begründen. Wenn du weniger schreibst, bekommst du Punktabzug. Du darfst zudem nur eine Aussage bearbeiten. Solltest du zwei oder gar alle drei bearbeiten, wird nur die Bearbeitung der ersten Aussage gewertet.*

Zustimmung	***Ablehnung***
Yes, that's right.	*No, that's wrong.*
I think so, too.	*I don't think so.*
I agree (with this statement).	*I don't agree / I disagree.*
I am of the same opinion.	*I am not of the same opinion.*

Wenn du dich nicht entscheiden kannst, kannst du auch „That depends ...", „On the one hand ..., on the other hand" etc. schreiben.

a) That might be true for some parents, but for others it is not. If both parents have to work, they might be glad of the chance to "park" their kids during the holidays, because then they needn't worry about what the kids are getting up to. Additionally kids are often also happy to spend some time with other teenagers away from their parents. *(63 words)*

b) I absolutely agree with this statement, because nowadays it is very important for kids to have somebody in the family who listens to them and gives them advice when they have problems. Kids and parents should do more activities together, such as playing games, going on holiday, talking, etc., so that they get to know each other better. *(58 words)*

c) I am not of the same opinion. On the one hand, it can only be of advantage for their future lives if kids become self-confident. On the other hand, I do not think that three weeks or so at a holiday camp can change a kid's personality in such a way that they oppose their parents. *(56 words)*

Hinweis: *Entscheide dich, ob du bei Aufgabe 2 lieber einen Brief oder einen Tagebucheintrag schreiben möchtest. In beiden Aufgaben können dir die vorgegebenen Begriffe helfen, du kannst aber auch andere Dinge anführen. Beachte aber: Wenn du dich für den Brief entscheidest, schreibst du über etwas, das schon geschehen ist, d. h., du musst den Brief im Simple Past schreiben. Vergiss nicht die korrekte Anrede (Dear ...) und den Schluss (Yours,/Love,/ Best regards,) mit deinem Namen.*
Wenn du einen Tagebucheintrag schreibst, darfst du das Datum nicht vergessen. Da die Anweisung nicht sehr genau ist, kannst du z. B. alles von einem Tag erzählen oder du suchst dir verschiedene Tage aus. Denke daran: Du bist noch in Wales. Das kann Auswirkungen auf den Gebrauch der Zeiten haben. Wenn du über etwas schreibst, das du erlebt hast, ist „Past Tense" angezeigt; wenn es allgemein gültige Angaben sind, verwendest du „Present Tense"

2. a) Write a letter.

Hi Glenda,

Guess where I was in July? I spent my holidays at a summer camp in Wales.
The camp was in the hills in South Wales, where the landscape is wild with lots of wonderful flowers, deep valleys, and waterfalls.
In the camp we slept in tents together with nine other girls. They were all very friendly, and not snobbish at all. I made lots of new friends – and my English has improved, because I had to speak English all day long.
As we were staying in a camp, we had to make the meals ourselves. To start with our meals didn't taste so good, but as the days went by they got better. That became clear on the last evening, when we prepared a three-course meal.
Did you enjoy your holidays as well? Hope to hear from you soon.

Love, ... *(143 words)*

2. b) Write a diary entry.

Monday, July 13th
Today is my first day here in Wales. Everything is new to me, the people who all have different accents, the camp – there are about 30 tents with 10 boys or girls in each tent –, and the landscape, which is wild and strange with millions of sheep, and no town nearby. The girls in my tent seem quite nice.

Tuesday, July 14th
Today was fantastic but dangerous. We went river-rafting. After an hour of instructions – how to behave on the water and what to do in an emergency – a bus took us to a river nearby.
To start with everything went well; the water was calm and we got used to steering the boat. But then there were some rapids and our boat almost turned over. Everybody got very wet. Fortunately, we were all wearing life-jackets and we were tied to the boat.
In the evening, we all sat round the campfire and had a barbecue. Everything tasted delicious. *(163 words)*

D. Skills and techniques

1. Pass on the information.

Hinweis: *Die Antworten werden auf Deutsch verlangt. Entnimm dem Text die nötigen Informationen und gib sie sinngemäß wieder. Es gibt unterschiedliche Möglichkeiten, diese zu formulieren. Namen müssen nicht übersetzt werden. Achte bei der Länge deiner Antworten auf die zu vergebende Punktzahl. Pro Angabe gibt es einen Punkt.*

a) DEINE ELTERN: Kannst du uns beschreiben, was das Wort „co-ed" bedeutet?
DU: „Co-ed" bedeutet koedukativ. Das heißt, dass Jungen und Mädchen im gleichen Ferienlager sind.

b) DEINE ELTERN: Was ist das Besondere an einem „brother/sister camp"?
DU: Hier können Jungen und Mädchen zwar auch gemeinsame Aktivitäten haben, sind normalerweise aber getrennt.

c) DEINE ELTERN: Welche Freizeitangebote bieten die Camps in der Regel?
DU: Es gibt Teamsportarten wie Baseball und Fußball und Einzelsportarten wie Tennis. Man kann dort Wassersportmöglichkeiten, z. B. Schwimmen und Segeln, nutzen und auch Aktivitäten in der Natur wie Wandern und Kanufahren unternehmen.

d) DEINE ELTERN: Du spielst doch gerne Tennis. Gibt es hierfür besondere Angebote?
DU: Viele der Lager bieten zusätzlichen Unterricht in vielen Sportarten an.

e) DEINE ELTERN: Was soll man bei der Auswahl der Camps besonders berücksichtigen?
DU: Man sollte sich über das Programm und darüber, welche Aktivitäten angeboten werden, informieren. Man sollte zudem folgenden Fragen nachgehen:
Gibt es in jeder Sportart zusätzliche Unterweisungen?
Ermutigt das Programm die Kinder, etwas Neues auszuprobieren?
Möchte das Kind überhaupt einen Großteil des Tages mit einer Aktivität oder mit Sport verbringen?

2. Mediation

Hinweis: *Hier handelt es sich wieder um eine Dolmetscheraufgabe.*

a) INSTRUCTOR: Welcome to the Sunny Side Summer Camp. First of all we have to split you into different groups and show you the tents you will be sleeping in for the next weeks.
LENA: Was hat er gerade gesagt? Ich habe nur verstanden, dass er uns willkommen heißt.
DU: Zuerst müssen sie uns in verschiedene Gruppen einteilen und uns die Zelte zeigen, in denen wir in den nächsten Wochen wohnen / leben / schlafen werden.

b) LENA: Frag' doch mal, ob wir nicht zusammen in einem Zelt schlafen können.
YOU: Can we stay together in one tent? (direkte Frage)
Or: My friend wants to know if we can stay together in one tent. (indirekte Frage)

c) INSTRUCTOR: Yes, you can! But don't forget that the tents are divided into different activity groups.

	DU:	Ja, das können wir, aber wir sollen daran denken, dass die Zelte nach verschiedenen Interessensgruppen eingeteilt werden.
d)	LENA:	Sag ihm, dass wir zusammen Wassersport machen möchten.
	YOU:	We would like to do some water sports together.
e)	INSTRUCTOR:	No problem. Go to tent number 11 and we'll meet later in the afternoon for more information.
	DU:	Wir sollen nun zu Zelt 11 gehen und wir treffen uns später am Nachmittag wieder, um mehr Informationen zu erhalten.

Abschlussprüfungsaufgaben Englisch für Realschulen in Baden-Württemberg (Jahrgang 2002) Übungsaufgabe 4

A disaster never forgotten

Edith Haisman enjoys a pleasant life in an old people's home in Southampton. She is visited regularly by her ten children and countless grandchildren and great-grandchildren. Despite the great joy given to her by her large family, she has never really got over the tragic loss of her father. He drowned, together with over 1,500 others, in one of the greatest disasters in history, the sinking of the Titanic on April 15, 1912.

Edith Haisman last saw her father waving from the deck of the great ship as her lifeboat drew away. His last words were: "I'll see you in New York." But she never saw him again.

The Titanic was the largest and most luxurious ship to be built at that time. She was designed to be the safest with her 16 watertight compartments. But on her voyage from Southampton to New York the Titanic hit an iceberg and sank less than three hours later. Just over 700 people were saved. Only very few of those survivors are still alive today.

As a result of the Titanic disaster, the first International Meeting for Safety of Life at Sea was held in London a year later. It decided that all ships in future had to have lifeboat space for each passenger and lifeboat training was to be held each voyage. The Titanic had only had just over a thousand lifeboat spaces for more than 2,000 passengers. There had been no lifeboat instructions and there was confusion and chaos when the disaster happened.

First of all, the Titanic was an immigrant ship. On her voyage she carried both the rich and the less well-off. First-class and third-class passengers were carrying all their personal goods in order to start a new life in America. But the third-class passengers in the lower decks had very little chance of surviving.

The disaster left most of the survivors with little or no money. After the tragedy, Edith and her mother had nothing except the few dollars given to the survivors in New York. In 1996, she travelled together with some of her friends to the place where the Titanic had sunk. With tears in her eyes, she threw a red rose into the sea to say good-bye to her father at last.

Adapted and shortened from: Read On, July 1996, Eilers & Schünemann, Bremen

A. Text-based tasks **27 pts**

1. Read the text and find information about …	9 pts

a) Edith Haisman's father.
b) facts that made the Titanic so special at that time. (3 items)
c) the reasons why only 700 passengers were saved. (2 items)
d) the passengers. (3 items)

You don't have to write complete sentences.

2. Read the text and answer the questions in complete sentences.	4 pts

a) Why isn't Edith Haisman a happy person although she enjoys a pleasant life in an old people's home?
b) Which two rules did the "International Meeting for Safety of Life at Sea" make after the Titanic disaster? (2 items)
c) What was the problem of many survivors when they finally arrived in New York?

3. Ask questions.	6 pts

You are a reporter and you interview Edith Haisman. You want to know …

a) how she felt when she travelled to the place where the Titanic had sunk.
b) if she has ever been on a ship since the tragedy.
c) whether she is able to watch films about the disaster.
d) when she and her mother realized that her father had drowned.

Use four different question forms.

4. Answer the question.	2 pts

The answer needn't be in the text.

Do you think that a tragedy like this could happen again today?

5. Give advice.	6 pts

Your American friend Simon is planning a cruise to the Mediterranean. As you have lots of experience, he asks you to give him some advice.

Write down four different ideas for making his voyage more comfortable and enjoyable.

B. Use of language **18 pts**

1. Find words or expressions that mean more or less the same.	4 pts

a) was designed (lines 16/17)
b) were saved (line 19)
c) voyage (line 26)
d) chance of (line 29)

2. Explain **two** of the following words in complete sentences.	4 pts

a) grandchildren (line 4)
b) lifeboat (line 13)
c) iceberg (line 18)
d) immigrant (line 26)

3. Vocabulary – Grammar	10 pts

Read the text. Find the suitable forms of the words and write them down.

Lilian Asplund, a __________ survivor, lost her father, too. Since that time, Lilian __________ a ship again. Even today she does not want to talk about her tragic loss. Lilian's mother __________ in 1964. Next week, BBC __________ a documentary about disasters at sea. It includes an interview with Lilian. She told the reporter: "Not all passengers could succeed in __________ into a lifeboat. For the third-class passengers __________ wanted to get on deck it was __________ __________ to open the doors of the __________ rooms. I __________ what made people think that such a tragedy could never happen."

a) Sweden
b) never enter
c) die d) broadcast
e) get
f) ?
g) real h) danger
i) flood j) not / know

C. Creative writing **27 pts**

1. Give your opinion.	9 pts

Choose **one** of the following statements and write about 60 words.

a) Travelling by ship is more interesting than travelling by plane.
b) Safety instructions are only important on ships.
c) Spending one's holidays at home can be very exciting.

Choose task 2 a) *or* 2 b). Do not work on both tasks!

2. a) Write a letter.	18 pts

Imagine you have won a trip for two persons on the ship "MS Princess" and you want to invite your English friend Mark to come with you.

Write about 120 words.

These 5 items may help you.

ship / cabins
sport facilities
entertainment
food and drinks
route / day trips

2. b) Write a report.	18 pts

After an exciting holiday on board the ship "MS Princess", your teacher asks you to write a report for an English school magazine.

Write about 120 words.

These 5 items may help you.

D. Skills and techniques **18 pts**

1. Pass on the information.	9 pts

Your friend Markus wants to know more about the sinking of the Titanic.
As he does not speak English, you help him read the web page.

Check the web page and **pass the information on to him in German**.

Interesting Facts

- The Titanic was designed to accommodate different classes of passengers: 1st, 2nd and 3rd class. The Titanic's passengers ranged from the rich and famous, to the poor and obscure.
- The exact number of passengers on the Titanic at the time of the accident is unclear. It is known that the "official" passenger list contains various errors. The list includes names of people that were never on the ship and is missing names of people that were definitely aboard the ship. Various sources give different numbers, but their numbers only differ by about 30 people. The British Inquiry report lists the total passengers and crew as 2,201.
- Two dogs were among the Titanic survivors.
- There were no cats on the Titanic. Cats were often brought on ships as a form of good luck. They also controlled the number of mice and rats on board.
- The Titanic was about as long as the Empire State Building is tall.
- Tower Bridge, located in London, England, is approximately the same length and height as the Titanic.
- Originally, the Titanic's design only included 3 funnels (smokestacks). One funnel was added to make the Titanic look more impressive – it gave one the feeling of "power and grace". It only functioned as an air vent.

- The Titanic carried 900 tons of baggage and freight.
- The Titanic used 14,000 gallons of drinking water every 24 hours.
- Coal consumption per day: 825 tons.
- Carried 20 lifeboats and 3,560 life jackets. The life jackets were made of canvas and cork.
- In a test to find out the stopping distance, the Titanic was accelerated to 20 knots and then the engines were reversed at full power. The distance required to stop the Titanic was about half a mile.
- The time interval from first sighting of the iceberg to impact was a little over 30 seconds.
- The Titanic sank 2 hours and 40 minutes after hitting the iceberg.
- It probably took the Titanic about 15 minutes to sink to her final resting place on the ocean floor. That means that she sank at a rate of 10 miles per hour (or 16 km per hour).

a) MARKUS: Was wird hier über die Größe der Titanic geschrieben? (2 Angaben)
DU: 2 pts

b) MARKUS: Gab es auch bauliche Besonderheiten an der Titanic?
DU: 1 pt

c) MARKUS: Wie viele Passagiere waren eigentlich an Bord? (2 Angaben)
DU: 2 pts

d) MARKUS: Hätte der Kapitän die Titanic nicht einfach anhalten können, als man den Eisberg sah? (2 Angaben)
DU: 2 pts

e) MARKUS: Im Text steht „cats". Waren etwa auch Katzen mit an Bord?
DU: 1 pt

f) MARKUS: Da steht etwas von 15 Minuten. Was hat es damit auf sich?
DU: 1 pt

2. Pass on the information.	9 pts

You are on a school trip to Southampton and talk to your host about a visit to the Maritime Museum. You show her a leaflet which you got in German.

Fakten

© Titanic im Hafen von Southhampton, 10. April 1912; Foto von F.G.O. Stuart

Es sind unzählige Fakten zur Titanic bekannt. Die Geschichte der Titanic gehört zu den faszinierendsten aller Zeiten und sie überdauert Jahre und Jahrzehnte. Was genau macht die Faszination der Titanic für so viele Menschen auf der ganzen Welt aus? Vielleicht liegt es an der Art der Geschichte selbst. Das größte Schiff der Welt, auf dem sich einige der reichsten Menschen der Welt befinden, hat auf seiner Jungfernfahrt einen äußerst ungewöhnlichen Unfall, der zu einer Katastrophe führt, die viele Menschen das Leben kostet.
Hunderte der ärmeren Passagiere des Zwischendecks, die häufig in die Neue Welt aufgebrochen waren, um sich selbst und ihrer Familie ein besseres Leben zu ermöglichen, verloren ihr Leben. Hätte jemand die Geschichte der Titanic erfunden, hätten wohl viele nicht geglaubt, dass sich eine so solche Tragödie im wirklichen Leben ereignen könnte. Innerhalb dieser großen Geschichte gibt es viele kleine Geschichten, die zusammengenommen einen faszinierenden Teppich aus Einzelschicksalen ergeben.
Die Geschichten handeln von Mut, Feigheit, Loyalität, Führungsqualitäten und Tragödien. Die Anziehungskraft, die die Geschichte der Titanic auf die Menschen ausübt, hat viele

Gründe. Sie sind begierig darauf, mehr über die Art und den Anlass ihres Baus, ihre wegweisende Konstruktion, die Details ihrer Überfahrt und die fatalen Fehler, die im Nachhinein so leicht vermeidbar erscheinen, zu wissen. Einige sind an Fakten zum Thema „Wie die Titanic gebaut wurde“ interessiert, andere möchten mehr über die Geschichten der Menschen an Bord erfahren.

Quelle: http://www.the-titanic.com/de/Fakten.aspx

Answer her questions:

a) Why is the story about the Titanic so fascinating for many people all over the world? (3 items)
b) Why were so many poor passengers on board? (2 items)
c) What do the people want to know about the story of the Titanic? (4 items)

Lösungen

A. Text-based tasks

1. Read the text and find information about …

Hinweis: *Hier sollst du dem Text Informationen entnehmen. Du musst keine vollständigen Sätze schreiben. Achte aber darauf, wie viele Punkte (items) man nennen soll. Du findest hier eine Auswahl an möglichen Antworten. Bei b und c kannst du in deiner Antwort auch eine Aufzählung der Punkte machen.*

a) He drowned in the Titanic disaster.

b) It was the largest and most luxurious ship at that time and it was designed to be the safest.

c) There were only just over 1,000 lifeboat spaces for more than 2,000 passengers, there had been no lifeboat instructions and there was confusion and chaos when the disaster happened.
Hinweis: *Du musst nur zwei von den drei aufgeführten Punkten nennen.*

d) The Titanic was an immigrant ship. Most of the passengers wanted to start a new life in America. There were poor and rich people on board. Some of them were carrying all their personal goods.

2. Read the text and answer the questions in complete sentences.

a) She has never really got over the tragic loss of her father.
b) All ships in the future should have lifeboat space for each passenger and lifeboat training was to be held each voyage.
c) They arrived in New York without any money.

3. Ask questions.

Hinweis: *Stelle dir vor, du bist ein Reporter und interviewst Edith Haisman, die das Schiffsunglück überlebt hat. Stelle ihr mithilfe der Vorgaben fünf Fragen und beachte, dass du die richtige Zeit verwendest und die Personalpronomen veränderst. Die Vorgaben sind hier in der indirekten Rede formuliert. Bei Nummer 5 kannst du dir eine eigene, sinnvolle Frage ausdenken.*

a) How did you feel when you travelled to the place where the Titanic had sunk?

b) Have you ever been on a ship since the tragedy?

c) Are you able to watch films about the disaster?

d) When did you and your mother realize that your father had drowned?

4. Answer the question.

Hinweis: *Um diese Frage zu beantworten, kannst du Informationen aus dem Text übernehmen und/oder eigene Gedanken dazu formulieren. Entscheide dich, ob du der Aussage zustimmst oder ihr widersprichst.*

In my opinion, a tragedy like this could not happen again, because today, safety is regarded as being very important. There must be enough lifeboat spaces and all passengers must take part in safety drills. In addition, technical equipment has improved a lot over the last few years.

5. Give advice

Hinweis: *Du wirst in dieser Aufgabe gebeten, deinem Englisch sprechenden Freund einen Rat zu geben. Er will ans Mittelmeer reisen und da du bereits Erfahrungen gesammelt hast, kannst du ihm jetzt helfen, seine Reise angenehm und bequem zu gestalten.*
Du kannst bei der Formulierung der Ratschläge folgende Satzanfänge verwenden:
- *"If I were you, I would ..."*
- *"You can/should/ought to/could ..."*
- *"Don't forget to ..."*
- *"Why don't you ... ?"*

Von der Gesamtpunktzahl von 6 Punkten werden für jeden Ratschlag 1,5 Punkte vergeben. Hier findest du einige Vorschläge:

- If I were you, I would go to Italy first and visit Rome. Rome is such a beautiful city with all those ancient buildings that you could never see in the USA.
- You should take your time visiting places, because there is often so much to see that one day is not enough.
- If I were you, I'd take some seasickness pills with me. My last trip on a ship was terrible.
- Don't forget to take some good suntan lotion with you.
- You should listen carefully to the lifeguard's instructions.
- You ought to book a cabin with a window. Otherwise you won't feel very comfortable in your cabin.

B. Use of language

1. Find words or expressions that mean more or less the same.

Hinweis: *Hier sollst du andere Begriffe für die gegebenen Wörter finden. Da die Textstellen angegeben sind, müssen die gefundenen Wörter in den Text passen.*

a) was planned/ was made/ was created/ was produced/ was built/ was constructed/ was developed

b) were rescued

c) trip/journey/passage/crossing

d) possibility/hope of
Hinweis: *Das Wort „opportunity" passt hier nicht, da es eine andere Bedeutung hat (= „Möglichkeit" im Sinne von „Gelegenheit").*

2. Explain **two** of the following words in complete sentences.

Hinweis: *Deine Aufgabe ist es, dir zwei Begriffe herauszusuchen und sie in je einem ganzen Satz zu erklären. Schreibst du keine ganzen Sätze, bekommst du nicht die volle Punktzahl. Die angegebene Textstelle hilft dir dabei, die Bedeutungen der Wörter herauszufinden.*

a) Grandchildren are the children of someone's sons or daughters.

b) A lifeboat is a boat kept on a ship which is used to rescue people if the ship starts to sink.

c) An iceberg is a large mass of ice floating in the sea.

d) An immigrant is someone who has come to live permanently in a new country.

3. Vocabulary – Grammar

Hinweis: *In dieser Aufgabe werden verschiedene Grammatikprobleme abgefragt. Wichtig ist, dass du zuvor den ganzen Text genau durchliest und dann überlegst, in welcher Form die Wörter am rechten Rand am besten in den Text passen. Die Reihenfolge ist bereits vorgegeben.*

a) Swedish
b) has never entered
c) died
d) will broadcast/broadcasts
e) getting
f) who/that
g) really
h) dangerous
i) flooded
j) don't know

C. Creative writing

1. Give your opinion.

Hinweis: *Bei dieser Aufgabe sollst du dir eine von drei Aussage aussuchen und zunächst entweder zustimmen oder ablehnen und dann deine Haltung in ca. 60 Wörtern begründen. Wenn du weniger schreibst, bekommst du Punktabzug. Du darfst zudem nur eine Aussage bearbeiten. Solltest du zwei oder gar alle drei bearbeiten, wird nur die Bearbeitung der ersten Aussage gewertet.*

Zustimmung	***Ablehnung***
Yes, that's right.	*No, that's wrong.*
I think so, too.	*I don't think so.*
I agree (with this statement).	*I don't agree / I disagree.*
I am of the same opinion.	*I am not of the same opinion.*

Wenn du dich nicht entscheiden kannst, kannst du auch „That depends …", „On the one hand …, on the other hand" etc. schreiben.

a) That is true, because you can do lots of different things on a ship, such as walking around, playing games, sitting in the sun or going shopping; whereas on a plane you have to sit in a narrow seat with lots of people near you. Additionally you really feel the distance that you cover when you travel by ship. *(58 words)*

b) No, I do not think so. Safety instructions are important everywhere. Just imagine there were no safety instructions on a plane and there was a fire when you were landing –

you would not know what to do or where to go. You also need safety instructions in schools because if you do not have regular fire drills, pupils might panic in an emergency. *(60 words)*

c) Yes, I think so, too, because you can do things at home which you cannot do when you go to school. You are together with your family all the time, you can play games, and you can talk to the other members of your family. You can also invite your friends to spend the night at your place. *(58 words)*

***Hinweis:** Entscheide dich bei der folgenden Aufgabe, ob du lieber einen Brief oder einen Bericht für die Schülerzeitung schreiben möchtest. In beiden Aufgaben können dir die vorgegebenen Begriffe helfen, du kannst aber auch andere Dinge anführen. Beachte aber: Wenn du dich für den Brief entscheidest, schreibst du über etwas, das noch vor dir liegt, d. h., du musst den Brief z. T. in der Zukunft („future") schreiben. Der Bericht für die Schülerzeitung wird hingegen in der Vergangenheit geschrieben, da die Fahrt schon vorbei ist.*

2. a) Write a letter.

Dear Mark,

Guess what happened to me! I won a prize in a lottery – a trip on the "MS Princess" for two people in the summer holidays! How do you feel about coming with me?
The "MS Princess" has got lots of cabins and even suites with TV and the possibility to use the internet.
There are also all kinds of sports facilities, such as swimming pools and deck-tennis.
In the evenings we have the choice of going to the cinema or just sitting in one of the bars and talking.
For breakfast we can choose between continental and traditional English breakfast and every evening there is a big dinner.
Do you want to know where our trip would take us? We will be sailing in the eastern Mediterranean, starting from Venice. We can go on day-trips to all the famous places.
I am looking forward to hearing from you soon.

Love, … *(153 words)*

2. b) Write a report.

An exciting holiday
It was a dream come true! I had won a trip on the "MS Princess" through the eastern Mediterranean. All the cabins of this ship have a TV and offer you the possibility to use the internet.
We started our cruise in Venice and sailed south to Athens, where we could go on a sightseeing tour through this fantastic city and see the Acropolis. Life on the ship was relaxing. We swam and spent a lot of time in the fitness rooms and often we just lay on deck chairs in the sun. In the evenings we had the opportunity to go to the cinema.
But the best of all was the food and drink. You could get everything you wanted. It was a holiday which I will never forget. *(133 words)*

D. Skills and techniques

1. Pass on the information.

Hinweis: *Die Antworten sollen auf Deutsch gegeben werden. Entnimm dem Text die nötigen Informationen und gib sie sinngemäß wieder. Dabei können auch Bilder Informationen beinhalten, die dir z. B. helfen, manche schwierigen Wörter richtig zu verstehen. Namen müssen nicht übersetzt werden.*

a) MARKUS: Was wird hier über die Größe der Titanic geschrieben?
DU: Die Titanic ist ungefähr so lang, wie das Empire State Building hoch ist, und die Tower Bridge in London hat ungefähr die gleiche Höhe und Länge wie das Schiff.

b) MARKUS: Gab es auch bauliche Besonderheiten an der Titanic?
Hinweis: *Schaue dir das Bild der Titanic genau an, damit du z. B. herausfinden kannst, was „funnel" bedeutet.*
DU: Ursprünglich hatte die Titanic nur drei Schornsteine. Damit sie jedoch schöner aussah, fügte man einen vierten hinzu. Dieser diente als Luftschacht.

c) MARKUS: Wie viele Passagiere waren eigentlich an Bord?
DU: Im Text steht, dass man das nicht genau sagen kann, aber einer Untersuchung zufolge waren zusammen mit der Mannschaft 2 201 Menschen an Bord.

d) MARKUS: Hätte der Kapitän die Titanic nicht einfach anhalten können, als man den Eisberg sah?
DU: Man brauchte etwa eine halbe Meile, um die Titanic zu stoppen, und zwischen der Sichtung des Eisbergs und dem Zusammenstoß lagen nur 30 Sekunden.

e) MARKUS: Im Text steht „cats". Waren etwa auch Katzen mit an Bord?
DU: Auf der Titanic gab es keine Katzen.

f) MARKUS: Da steht etwas von 15 Minuten. Was hat es damit auf sich?
DU: Die Titanic brauchte 15 Minuten, um auf den Grund des Ozeans zu sinken.

2. Pass on the information.

Hinweis: *Achtung, in dieser Aufgabe musst du die Antworten auf Englisch formulieren, da dein Gastgeber kein Deutsch versteht.*

a) It was the largest ship in the world with some of the richest people on board. The accident was extraordinary and cost the lives of many people.

b) They wanted to emigrate to the new world to start a better life there.

c) They wanted to have some information about the construction, details of the voyage, the mistakes which were made, and the stories of the passengers on board.

Abschlussprüfungsaufgaben Englisch für Realschulen in Baden-Württemberg (Jahrgang 2003) Übungsaufgabe 5

Uluru – the Red Centre of Australia

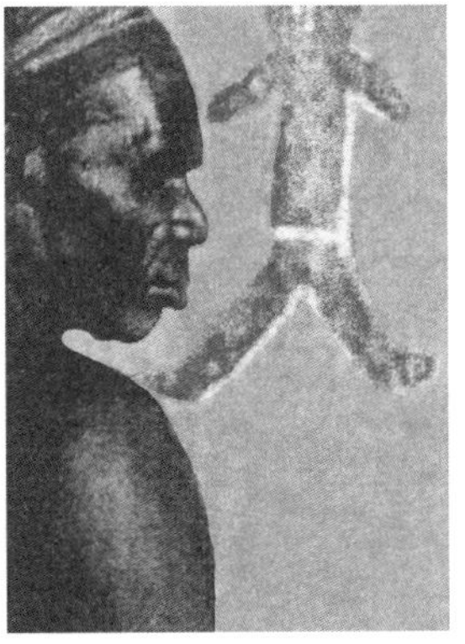

"**Palya** – welcome to Ayers Rock, in the country of the Aborigines. We want people to come and look at our culture and to learn, especially the kids." Cassidy, our Aboriginal tour guide, is speaking softly to us in the language of his people, the "Anangu", with an interpreter translating into English.

Over the next few hours our small group is taken on a very special 9 km walk round the base of Ayers Rock. This giant rock is one of Australia's natural wonders. To Aboriginal people who call it "Uluru" – it is a very religious place.

As we walk, Cassidy points out different plants and trees used by the Aborigines for food, medicine, and for making tools like the boomerang or musical instruments like the didgeridoo. On the way he tells us stories and legends which are thousands of generations old and demonstrates some of the amazing traditional skills that have helped the Anangu to successfully live in this hard desert environment for thousands of years. He explains different hunting methods used for kangaroos, emus and other animals. He shows us how to make a fire with traditional fire sticks.

On our way we see some climbers on the rock. The Anangu ask you not to climb Uluru because of religious reasons and because it is dangerous. However, about 10 % of the 500,000 people who visit "The Rock" yearly do not respect these wishes. Each year some climbers are injured or killed. Others have heart attacks because this climb is too hard for them.

On the last part of our walk Cassidy shows us various caves where his ancestors' rock paintings are still to be seen on the walls. The Aboriginal culture in Australia is believed to be the oldest living culture in the world. Australia's native people arrived on the continent about 50,000 years ago from South East Asia.

The settling of white people slowly brought an end to the traditional Aboriginal way of life. As they moved inland, the Aborigines began to lose their hunting grounds, their watering holes, in fact their source of life. Today, most Aborigines live in cities and towns. Few continue their traditional way of life. In recent years, white Australians have become more sensitive to the difficult problems of the Aborigines, resulting in better health care and education. They are showing more respect for Aboriginal rights and a growing interest in Aboriginal culture.

A. Text-based tasks **27 pts**

1. Match the six correct headings to the paragraphs in the text. Write down the lines "line… – …" (Two of the headings do not match.) 3 pts

a) Geographical position of Ayers Rock
b) Aborigines and the whites
c) Welcoming
d) The holy rock
e) Traditions
f) The future of the Aborigines
g) Tourists on Ayers Rock
h) Art and culture

2. Read the text and find information about … 6 pts

a) what Cassidy shows the tourists. (2 items)
b) what people can see in the Aborigines' caves.
c) the results of the settling of white people in Australia. (3 items)

You don't have to write complete sentences.

3. Decide whether the following statements are right, wrong or not in the text. 5 pts

a) The information the tourists get is only for children.
b) Anangu is the name of the interpreter who translates into English.
c) The tourists walk around "Uluru".
d) Many Aborigines have died because of white people.
e) Some Aborigines even try to live as their ancestors did before.

4. Answer the question. 4 pts

What might be the problems that tourists cause when they visit religious places of the Aborigines?
Write about 40 words.

5. Ask questions. 6 pts

You are a reporter for a teenage magazine and meet Cassidy. Ask four questions about his work as a guide.

Use four different question forms.

6. Read the text about Cathy Freeman and finish the sentences using the information from the text. 3 pts

Cathy Freeman

Cathy Freeman, who is a member of the Queensland Murri tribe, was one of Australia's fastest runners. In 1992 in Barcelona she was the first Australian Aborigine ever, who represented Australia at an Olympics, and she was the star of the opening ceremony at the Sydney Olympics 2000. She had the honour of lighting the Olympic flame, carrying the hopes of Aborigines and white Australians.

Some Aboriginal activists complained about the Australian government. They said that the government misused Cathy's popularity and this was the reason why they wanted her to boycott the games in Sydney. Having worked so hard for the games, she wanted to take part in the race and hoped to make so many Australians happy and proud of their country. But even after she won a gold medal in the 400 metres track, she was not sure if her victory would have a positive effect on the situation of the Aborigines.

a) She was the star at the opening ceremony because …
b) One reason why the activists said she should boycott the games was that …
c) She hoped that winning the race …

B. Use of Language 18 pts

1. Find another word or expression which means more or less the same. 3 pts

a) giant (line 8)
b) demonstrates (line 15)
c) continue (line 31)

2. Explain **two** of the following words in complete sentences. 4 pts

a) boomerang (line 13)
b) desert (line 16)
c) fire stick (line 18)

3. Find the words or expressions in the text for … 2 pts

a) a person who translates conversations between people from one language into another
b) something that is given to someone who is ill

4. Vocabulary – Grammar 9 pts

Read the text. Find the suitable forms of the words and write them down.

Before the __________ of European settlers, the Aboriginal people __________ most areas of the __________ continent. Although their material culture was simple, they had a great deal of __________ knowledge and traditions __________ their deep connection with the land and the environment.

a) to arrive
b) to inhabit c) Australia
d) detail e) to reflect

They __________ seasonal fruit, nuts, roots, vegetables, meat and fish. With their knowledge they knew where and when to find it and __________ to prepare it for __________ . Nowadays many Aboriginal communities still eat bush food, although the way it __________ has often changed.	f) eat g) ? h) eat i) to collect

C. Creative writing **27 pts**

1. Give your opinion	9 pts

Choose **one** of the following statements and write about 60 words.

a) Tourists should not visit places which are religious for the Aborigines.
b) Australia is too far away for a holiday.
c) Everybody needs old traditions.

Choose task 2 a) *or* 2 b). Do not work on both tasks!

2. a) Write a letter of application.	18pts

After your exams you plan to spend a six months' working holiday in Australia. A job agency asks you to give some information about yourself. Write a letter of application. The following items may help you.

Write about 120 words.

- hobbies, interests
- work experience
- your schooling
- your family
- your English language skills

2. b) Write a report.	18 pts

Your school has received an e-mail from a Melbourne high school. They are collecting information about schools around the world. Write a report about your school. You may use the notes below.

Write about 120 words.

- sports
- subjects
- clubs and activities
- exams
- foreign languages
- timetable

D. Skills and techniques **18 pts**

1. Pass on the information.	8 pts

You and your American friend Jane are planning to go on a trip to Australia. You search the Internet for information and you find this text on a website.

Reisen im Land

© *Lise Gagne / iStockphoto.com*

Australien ist ein riesiges Land und es gibt unzählige Möglichkeiten, um es zu erkunden. Miete dir einen Jeep oder ein Wohnmobil und erlebe die atemberaubende Landschaft auf einem unvergesslichen Road Trip. Wenn du jedoch innerhalb kurzer Zeit größere Entfernungen zurücklegen möchtest, solltest du einen Inlandflug buchen. Es werden alle größeren Städte und die regionalen Zentren angeflogen. Auch Bahnreisen bieten eine einzigartige Möglichkeit, die Weite und Vielseitigkeit Australiens zu erleben, während Reisebusse eine günstige und bequeme Reisemöglichkeit darstellen. Lust auf einen Trip über das Wasser? Besteige die Fähre zwischen Melbourne und Devonport oder unternimm eine Bootsfahrt zu berühmten Plätzen wie dem Great Barrier Reef, Kimberley und dem tropischen Top End.

Verkehrsregeln – Beachtung der Verkehrsregeln

Bevor du dich auf deinen klassischen Road Trip durch Australien machst, solltest du dich mit den Verkehrsregeln vertraut machen. Die Australier fahren auf der linken Straßenseite und das Lenkrad befindet sich rechts im Fahrzeug. Die Höchstgeschwindigkeit in den Städten beträgt 60 km/h bzw. 50 km/h in einigen Vorstadtgebieten. Auf den Landstraßen und Autobahnen beträgt die Höchstgeschwindigkeit in der Regel 110 km/h. Aus Sicherheitsgründen gelten gesetzliche Regelungen zum Autofahren unter Alkoholeinfluss, und das Anlegen von Sicherheitsgurten ist für alle Fahrzeuginsassen Pflicht. Für Motorradfahrer sowie für Fahrradfahrer gilt Helmpflicht. Ausländische Besucher können mit einem internationalen Führerschein ihre Fahrzeugklasse fahren. Du solltest im Auto deinen heimischen sowie einen internationalen Führerschein mitführen.

From: http://www.australia.com/de/articles/backpacker_essentials.aspx

Jane has got some questions. Answer them in English.

a) What advice do they give if you want to travel quickly?
b) Do they say anything about travelling by coach?
c) There is something about Melbourne in the text. What do they say?
d) What is so special about cars in Australia?
e) Are there any rules you must keep to if you want to go by car? (2 items)
f) Is there any information about the driving license you need? (2 items)

2. Pass on the information.	10 pts

Your German friend Annika also wants to join you on your trip to Australia. To prepare for the trip, she wants to know more about the coach tours to Kuranda. As she does not speak English, you help her read the advertisement.

Check the advertisement and **pass the information on to her in German**.

DOWN UNDER DAY TOURS

Kuranda/Scenic Rail/Skyrail/Tjapukai

Your Tour:
Make your visit to Kuranda a memorable one from door to door. Down Under Tours will transfer you from your hotel to Freshwater Station, where you will board the famous Kuranda Scenic Rail for a breathtaking journey on one of the world's most scenic operational rail journeys.

On arrival in Kuranda there is free time to explore the "Village in the Rainforest". Your departure time for Skyrail is 13.15 pm. After enjoying the "World's Most Beautiful Rainforest Experience", take a short walk to the fascinating Tjapukai Aboriginal Cultural Park. Discover this ancient culture through theatres, stage shows and demonstrations before boarding your coach for the return to your accommodation.

TOUR PRICE
Adult $ 113.00
Pensioner $ 111.00
Child $ 58.00

Tour Details:
Days of Operation: Daily

- Free hotel pick up 08 – 08.45.
- Luxury coach transfer to Freshwater Station
- Kuranda Scenic Rail to Kuranda
- Free time in Kurunda to explore
- Barron River and Stoney Creek Falls.
- Skyrail Rainforest Cableway to Caravonica departs 13.15
- Entry to Tjapukai Aboriginal Cultural Park.
- 16.40 coach transfer to accommodation

Adapted from: Down Under Tours Australia PTY Ltd, slightly changed and abridged

a) ANNIKA: An welchem Tag in der Woche kann man die Tour unternehmen?
DU: ______________________________ 1 pt

b) ANNIKA: Wie viel kostet es für mich und meine Eltern?
DU: ______________________________ 1 pt

c) ANNIKA: Fahren wir nur mit dem Bus? (2 Angaben)
DU: ______________________________ 2 pts

d) ANNIKA: Wo muss man in den Bus einsteigen?
DU: ______________________________ 1 pt

e) ANNIKA: Wie lange sind wir insgesamt unterwegs?
DU: ______________________________ 1 pt

f) ANNIKA: Was bekommt man alles von den Aborigines zu sehen? (2 Angaben)
DU: ______________________________ 2 pts

g) ANNIKA: Werden wir auch Freizeit haben – und wann? (2 Angaben)
DU: ______________________________ 2 pts

Lösungen

A. Text-based tasks

1. Match the six correct headings to the paragraphs in the text.
Write down the lines "line… – …" (Two of the headings do not match.)

a) Geographical position of Ayers Rock	(This heading does not match.)
b) Aborigines and the whites.	(line 28–34)
c) Welcoming	(line 1–6)
d) The holy rock	(line 7–10)
e) Traditions	(line 11–18)
f) The future of the Aborigines	(This heading does not match.)
g) Tourists on Ayers Rock	(line 19–23)
h) Art and culture	(line 24–27)

2. Read the text and find information about …

Hinweis: *Hier sollst du dem Text Informationen entnehmen. Du musst keine vollständigen Sätze schreiben. Achte aber darauf, wie viele Punkte (items) man nennen soll. Du findest hier eine Auswahl an möglichen Antworten.*

a) – He shows them Ayers Rock.
   – He shows them different plants and trees used for food or medicine.
   – He explains different hunting methods and shows them how to make a fire with traditional fire sticks.

b) They can see rock paintings on the walls painted by Cassidy's ancestors.

c) – It meant the end of the traditional Aboriginal way of life.
   – The Aborigines began to lose their hunting grounds, their watering holes, and their source of life.
   – Today, most Aborigines live in cities and towns.

3. Decide whether the following statements are right, wrong or not in the text.

Hinweis: *Du musst in dieser Aufgabe nur schreiben, ob die Aussage richtig oder falsch ist oder ob im Text gar keine Information darüber vorhanden ist. Du brauchst keine Begründung abzugeben.*

a) wrong b) wrong c) right d) not in the text e) right

4. Answer the question.

Hinweis: *Du kannst in dieser Aufgabe Informationen aus dem Text übernehmen und/oder eigene Überlegungen formulieren.*

Some of the tourists who visit religious places of the Aborigines do not respect their religion and their culture. They climb Uluru, for example, although the Anangu ask them not to. This behaviour is disrespectful towards the Aborigines and could even destroy their religious places.

5. Ask questions.

Hinweis: *Achte bei dieser Aufgabe besonders darauf, dass du verschiedene Frageformen anwendest, wie es in der Aufgabe ausdrücklich verlangt wird. Fragen, die z. B. mit „How about …?“ beginnen, sind in diesem Sinne keine richtigen Fragen. Suche dir am besten für jede Frage ein anderes Fragewort aus und wechsle mit Ja- und Nein-Fragen ab.*

a) Do you like working with people?
b) How long have you been doing this job?
c) What time of the day do you usually take out your tourists?
d) Why did you become a guide?

6. Read the text about Cathy Freeman and finish the sentences using the information from the text.

a) She was the star at the opening ceremony because she was the first Aborigine ever to represent Australia at the Olympics.
b) One reason why the activists said she should boycott the games was that they said that the government misused Cathy's popularity.
c) She hoped that winning the race would make many Australians happy and proud of their country.

B. Use of Language

1. Find another word or expression which means more or less the same.

Hinweis: *Hier sollst du Wörter oder Begriffe finden, die dieselbe Bedeutung haben wie die unterstrichenen Wörter. Da die Zeilen und die Satzteile angegeben wurden, in die die Wörter eingebettet sind, müssen auch die neuen Wörter genau in den Text passen.*

a) huge/enormous/very big/very large

b) shows/presents
Hinweis: *Vergiss das „-s“ nicht.*

c) go on with/carry on with
Hinweis: *Bei diesen beiden Verben muss „with“ dabeistehen, sonst gibt es Punktabzug.*

2. Explain **two** of the following words in complete sentences.

Hinweis: *Denke daran, die Wörter in ganzen Sätzen zu erklären. Ein Satz, in dem das betreffende Wort nur vorkommt, ist keine Erklärung.*

a) A boomerang is a curved, flat piece of wood which can be thrown so that it returns to the thrower.

b) A desert is a large area of land that has very little water and very few plants growing in it.

c) A fire stick is a traditional tool of the Aborigines to make a fire with.

3. Find the words or expressions in the text for …

a) interpreter (line 5)
b) medicine (line 12)
c) ancestors (line 24)

4. Vocabulary – Grammar

Hinweis: *Bei dieser Aufgabe werden verschiedene Grammatikprobleme abgefragt. Wichtig ist, dass du zuvor den ganzen Text genau durchliest und dann überlegst, in welcher Form die Wörter am rechten Rand am besten in den Text passen. Dabei ist die Reihenfolge bereits vorgegeben.*

a) arrival
b) inhabited/had inhabited
c) Australian
d) detailed
e) reflecting
f) ate
g) how
h) eating
i) is collected

C. Creative writing

1. Give your opinion

Hinweis: *Bei dieser Aufgabe sollst du dir eine von drei Aussage aussuchen und zunächst entweder zustimmen oder ablehnen und dann deine Haltung in ca. 60 Wörtern begründen. Wenn du weniger schreibst, bekommst du Punktabzug. Du darfst zudem nur eine Aussage bearbeiten. Solltest du zwei oder gar alle drei bearbeiten, wird nur die Bearbeitung der ersten Aussage gewertet.*

Zustimmung	***Ablehnung***
Yes, that's right.	*No, that's wrong.*
I think so, too.	*I don't think so.*
I agree (with this statement).	*I don't agree / I disagree.*
I am of the same opinion.	*I am not of the same opinion.*

Wenn du dich nicht entscheiden kannst, kannst du auch „That depends …", „On the one hand …, on the other hand" etc. schreiben.

a) Yes, of course this is true, because people should always show respect for other people's traditions. The relationship between white people and Aborigines is complicated enough as it is. If tourists climb sacred places like Uluru, they are responsible that there are still many conflicts between white Australians and Aborigines. No wonder that some Aborigines feel that they do not need to obey to the white man's laws either. *(68 words)*

b) I think so too, because normally people only have a three-week holiday and the long flight also makes it very hard to get used to the different time zones and the climate. Additionally, it is very expensive to fly to a place so far away. If you really want to travel to a place so far away, you need to plan your trip carefully. *(64 words)*

c) I am not of the same opinion. New technologies are changing life so quickly that there is no place for old traditions any longer because people have to keep up with what is new. Knowing how to use new technology is more important than knowing how to cook a traditional meal. People who are not up to date have difficulties to find a job in the modern world. *(68 words)*

Hinweis: *Bei der folgenden Aufgabe musst du dich entscheiden, ob du lieber ein Bewerbungsschreiben („letter of application“) oder einen Bericht („report“) schreiben möchtest. Beides sollte dir keine Schwierigkeiten bereiten, da du bei Task a) nur über dich und deine Familie und bei Task b) über deine Schule schreiben sollst.*

2. a) Write a letter of application.

Hinweis: *Denke hier an die richtige Anrede (du kennst deine Ansprechpartner nicht), an den Briefschluss und an deinen Namen.*

Dear Sir or Madam,

My name is … and I am 16. I come from a family of four and have a younger brother.
I started school when I was six at a primary school here in …, where I spent four years. After that I attended the “Realschule” for six years.
When I have passed my final exams I would like to spend some time in Australia, where I would take any job you can offer.
As I want to get a job in a big firm later, where I can speak English very often, it is important for me to get a lot of practice before. I have been learning English at school for six years now but I have not been to an English-speaking country for a longer period of time.
I am looking forward to hearing from you soon.

Yours sincerely, … *(147 words)*

2. b) Write report.

Hinweis: *Hier sollst du einen Bericht über deine Schule schreiben. Die Stichworte dienen als Anhaltspunkt.*

We are a “Realschule” with about … pupils in … Germany. We have got … classes where boys and girls are taught together in many different subjects, such as German, Maths, History, Biology, Geography, Physics, Chemistry, Religious and Physical Education, Art, Music and, of course, Foreign Languages. We all have to learn English and some start learning French as a second language after two years.
Lessons start at … in the morning, which is a bit early I think, and last for 45 minutes each. After every lesson there is a short break where the teachers go to their next classes, and a longer break after … lessons, which is good, as we need that time to meet our friends and walk around a bit.
We have to do tests in every subject and at the end of the 10th form we have to pass an exam called “Mittlere Reife”, which is similar to the English GCSE. *(157 words)*

D. Skills and techniques

1. Pass on the information.

Hinweis: *Die Antwort muss auf Englisch sein, da deine amerikanische Freundin kein Deutsch versteht.*

a) You should book a domestic flight.

b) Coaches are a cheap and comfortable way of travelling.

c) If we want to do a boat trip, we can use the ferry between Melbourne and Devonport.

d) The Australians drive on the left side of the road and the steering wheel is on the right side of the car/vehicle.

e) There are speed limits, drink driving laws and everybody must wear seat belts.

f) You must have an international driving license, but you should also have your national driving license with you.

2. Pass on the information.

Hinweis: *Die Antworten werden auf Deutsch verlangt. Entnimm dem Text die nötigen Informationen und gib sie sinngemäß wieder. Es gibt unterschiedliche Möglichkeiten, diese zu formulieren. Namen müssen nicht übersetzt werden.*

a) ANNIKA: An welchem Tag in der Woche kann man die Tour unternehmen?
DU: Täglich./An jedem Tag.

b) ANNIKA: Wie viel kostet es für mich und meine Eltern?
DU: Erwachsene müssen 113 Dollar zahlen und Kinder 58 Dollar.

c) ANNIKA: Fahren wir nur mit dem Bus? (2 Angaben)
DU: Nein. Wir fahren auch mit der Kurandabahn und man läuft ein kurzes Stück zum Tjapukai Aboriginal Cultural Park.

d) ANNIKA: Wo muss man in den Bus einsteigen?
DU: Der Bus holt uns vom Hotel ab.

e) ANNIKA: Wie lange sind wir insgesamt unterwegs?
DU: Wir werden zwischen 8.00 Uhr und 8.45 Uhr abgeholt und um 16.40 Uhr zurückgebracht.

f) ANNIKA: Was bekommt man alles von den Aborigines zu sehen?
DU: Wir sehen uns ein Dorf im Regenwald an. Außerdem erfahren wir durch Theaterstücke, Bühnenshows und Vorführungen etwas über ihre alte Kultur.

g) ANNIKA: Werden wir auch Freizeit haben – und wann? (2 Angaben)
DU: Wir haben Freizeit nach der Ankunft in Kuranda bis zur Abfahrt der Skyrail.

A school for stars

Almost every kid has a favorite pop star, actor or sports idol. But some kids want to be stars – and they are working hard to get what they want. And some kids are even stars already! So how do kids who are busy training or working go to school? The Professional Children's School (PCS) in New York City is the answer – for boys and girls not only from New York but also from all around the world.

PCS is a special school for kids who work or train professionally in the arts or sports. They cannot go to a "normal" school at normal times. Some of the biggest international stars in film, TV, music, dance and sports have gone there. Pop stars Anastacia and Vanessa Carlton, actresses Sarah Michelle Gellar and Sarah Jessica Parker, actor Christian Slater, and even classical music superstars like Yo-Yo Ma and Pinchas Zukerman all went to PCS.

Students at PCS learn normal school subjects like English, math, science and foreign languages. And school hours are normal, too – from eight in the morning to two in the afternoon. But at PCS, kids are allowed to miss classes or not come to school at all so they can work. If students are away for a long time, they do their schoolwork by fax or e-mail. And PCS is very close to New York's famous Juilliard School of Music, the School of American Ballet, the Broadway theater district and the city's many TV studios. That means many students can go to school and also be close to where they are working or training for their careers.

Head of School James Dawson came to PCS because he wanted to work in education but also with people in the arts. He said, "People are more than what they do in the classroom. PCS gives you a thorough education but is flexible. If our students need extra time to do schoolwork because they're filming or in a horse competition or giving a concert in China, we don't expect them to come to school with everything done. We give them a laptop computer and say, 'Do as much as you can.'"

There are about 25 teachers and 200 students at PCS. The students are in grades 4 to 12. They graduate with high school diplomas and get into America's top universities. About one third of the students are musicians and one third are dancers. The others include mostly actors, models and athletes. And what happens when a PCS student becomes really famous?

"One of the nicest things is that there are no stars **here**," says Dr. Dawson. "Some of them are in the press and on TV quite often. But at PCS, everybody is here for the same reason, to get an education."

(463 words)

Adapted from: Judith Gilbert, Spot on, das junge Sprachmagazin von Spotlight, 9/2004, www.spoton.de

A. Text-based tasks

1. Decide whether the following statements are right or wrong.	3 pts

a) Students at PCS are no amateurs.
b) There are no normal school hours at PCS.
c) PCS students go to school and work for their career at the same time.
d) For James Dawson education is not very important.
e) PCS offers special subjects like dancing and acting.
f) Students from PCS never go to university.

2. Compare life at PCS to your school-life. Find three things that are different. You don't have to write complete sentences.	3 pts

3. Answer the questions in complete sentences. The answers needn't be in the text.	6 pts

a) Why is the location of the school ideal for the kids?
b) What does Dr. Dawson mean by "people are more than what they do in the classroom" (line 27)?
c) Why aren't the kids stars at PCS?

4. Ask questions!	6 pts

On the school's homepage you can find a page with FAQs (frequently asked questions). Everybody can use it.
Ask **four** questions about PCS. Use at least three different question forms.

B. Use of language

1. Find words in the text for the following explanations!	6 pts

a)	having to do with more than one nation	(lines 10–17)
b)	very well-known	(lines 18–25)
c)	the results of teaching	(lines 26–31)
d)	people who compete in games such as running and jumping	(lines 32–36)
e)	to finish school successfully	(lines 32–36)
f)	the print media	(lines 37–39)

2. Vocabulary – Grammar	12 pts

Read the text. Find the suitable forms of the words and write them down.

BROADWAY, one of the greatest streets of the world,	
had a very simple ____. The story of Broadway is the story	a) begin
of New York ____.	b) oneself
It had been an Indian trail before white ____ reached	c) man
the Island of Manhattan. In the days of the Dutch it had	
grown into a country road called Breedeweg.	
The name Broadway or Breedeweg had its ____ in the	d) original
broad way that ____ from the ____ of the old Fort up to the gate	e) lead f) enter
at Wall Street. The street ____ wide enough to give	g) be
the soldiers room to drill.	
When a wall was put around the little town, Breedeweg	
brought you ____ to the city gate.	h) direct
And ____ nearly a hundred years it had been the only road	i) in/for/since
____ one end of Manhattan to the other.	j) connect
With the coming of the British, Breedeweg quite ____ changed	k) natural
from a Dutch to an English through road and ____ Broadway.	l) become

C. Creative writing

1. Give your opinion.	9 pts

Choose **two** of the following statements and write about 60 words altogether.

a) It is difficult to be a star when you still have to go to school.
b) Everybody wants to be famous.
c) Stars earn too much money.
d) There are only advantages in the life of a star.

Choose task 2 a *or* 2 b. Do not work on both tasks.

2. a) Write a story.	18 pts

Complete the story in about 120 words.

It was the first time that I went to a live show …

… I'll never forget that evening.

2. b) Answer an e-mail.	18 pts

Hi,
I've just been to New York with my parents and seen a fantastic musical on Broadway. ☺ It's called Mamma Mia. Do you know it? There are lots of musicals here. I really tike them. What about you? Have you ever seen one?
In your last mail you invited me to come to your place in summer. Could you tell me what time would be best?
What could we do together? Are there any special places to see?
What should I bring along?
Please write back soon so that I can book the flight.
So long,
Joe ☺

You've just received this e-mail from your American friend Joe.
Answer it in about 120 words.

D. Skills and techniques

1. Paraphrasing.	6 pts

Tell Carlson, an international model, was also student at PCS.
Complete the second sentence so that it means the same as the first one.

a) He has possibly been the youngest model.
   The other models …
b) He went to Florida in order to take part in a modelling competition.
   In Florida …
c) He has had a long and successful career in modelling.
   He has been a successful …
d) Tell's father asked him if he wanted to study design.
   Tell's father asked: "…?"

2. Pass on the information.

This is part of Sarah Michelle Gellar's Fan Page.

Birthplace New York City
Birthdate April 14th, 1977
Height 5'2''
Eyes Green
Hair Color Dark Brown (Naturally)

Sarah enjoys rollerblading, ice skating, water skiing and occasionally goes cliff diving. She was a competitive figure skater for 3 years and was ranked 3rd in the New York State regional competition. She has taken 5 years of Tae Kwon Do and is active in physical fitness. Sarah is an only child and considers herself a workaholic. She attended high school at Professional Children's School in New York and graduated two years early with a 4.0.

Sarah began her acting career at age 4 when she was discovered by an agent while eating in a local restaurant. Three weeks later she was on the set of her first film, *An Invasion of Privacy*. This chance discovery was to later boost her professional career which has lasted 17 of her 21 years of life. In addition to having been one of the two regular hostesses of the TV talk show *"Girl Talk"* Sarah is a veteran of TV, film, and stage. She has appeared with Matthew Broderick and Eric Stoltz in *The Widow Claire* at the Circle in the Square, and had a feature film open in which she co-starred with Sally Kirkland and Robert Lupone. She has appeared on *Spenser: For Hire, Love, Sidney, The David Letterman Show* and *The Regis Philbin Show*. She has done over 100 commercials and is a Wilhelmina Model. She has also appeared in *Crossbow* which she filmed in France and Switzerland. Sarah played Molly in the original cast of Neil Simon's *Jake's Women* and young Jacqueline Bouvier in the award winning NBC mini-series *A Woman Named Jackie*. Sarah started to gain a small, but loyal, fanbase when she played the lead role of Sydney Rutledge in the teen soap opera, *Swan's Crossing*.

On February 24th 1993, Sarah Michelle began work on the set of *All My Children*. She was nominated for a Daytime Emmy in 1994 and, although she lost, she was nominated again in 1995 and won in the Younger Leading Actress category. Although she had given the producers 6 months notice of her decision to leave the show, she made her decision public the day after the Emmy win. After 2 years, Sarah left the set of AMC and moved to California to seek new fame in films or TV.

In 1996, Sarah was picked as the lead of a new series called *Buffy the Vampire Slayer* based on the movie by the same name. Warner Brothers bought 13 episodes of the show, and although ratings of the pilot were the highest ever of any of the WB lineup, it ranked 100th out of 107 programs in the Nielson ratings. Warner Brothers renewed the show for another 22 episodes which will begin airing September 15th.

In June of 1997, Sarah finished shooting *I Know What You Did Last Summer* which stars her and Jennifer Love Hewitt as teens that try to cover up a hit and run. It was released on October 17th and became number one that weekend, earning a profit in just two days. Shortly after filming *IKWYDLS*, Sarah flew down to Atlanta, GA to film *Scream 2*, which had the largest December opening of a film and made more money in its first weekend than the other top 9 films combined.

2. Pass on the information.	14 pts

Dein Freund hat gehört, dass Sarah Michelle Gellar auch Schülerin an der PCS war und möchte mehr über sie erfahren. Im Internet habt ihr ihre Biografie gefunden (siehe oben). Aufgrund deiner guten Englischkenntnisse kannst du seine Fragen auf Deutsch beantworten

a) Ist Sarah eigentlich sportlich? (4 Angaben) 2 pts
b) Hat sie Geschwister? 1 pt
c) Da steht „workaholic". Was bedeutet das? 2 pts
d) Wie wurde sie entdeckt? 2 pts
e) Was macht sie noch, außer als Filmschauspielerin zu arbeiten? 2 pts
f) Hat sie schon in Europa gefilmt? 1 pt
g) Hat sie 1994 den „Emmy" bekommen? 1 pt
h) Wann hat sie mit *Buffy* begonnen? 1 pt
i) Was steht über den Erfolg des Films *I Know What You Did Last Summer* im Text? 2 pts

3. Translate the text about the history of PCS into German. ✗ nicht dran	12 pts

On January 6th, 1914 Jane Hall and Jean Robinson decided to establish a school especially for New York's stage children. — 2 pts

They wanted to give these children an opportunity for a thorough education. — 2 pts

At the same time they allowed the young actors and actresses to continue with their professions. — 2 pts

The school lessons are adapted to the various interruptions which a life on the stage demands. — 2 pts

First the school rented three floors in a commercial building. In 1956 they moved into a new site with more space for additional classrooms, a physical education program and a proper cafeteria. — 4 pts

(96 words)

E. Spelling check

Find the **ten** spelling mistakes in the following text and write them down correctly. This text is about Rhett Godfrey, another former student at PCS, who has written a book called *The Teen Code*.	5 pts

Bevore he came to PCS Rhett had gone to a public school. He was acting a little, but not professionally. His sister had allways acted and she went to PCS. She told him to come, too. In the beginning he didn't want to go to PCS with all those freaks and dancers. But than he visited the school and realized he was one of those 'freaks' too and fited perfectly! When he was there he got the idea about the book and sold it to a puplisher. It is a book for parents about how to talk to their teenage kids about difficult subjekts like sex and drugs. It took him about three years to complet it. Now he is working on an other book, a kind of funny travel guide, like the one's by the autor Bill Bryson. Without PCS he could never have done that.

Lösungen

Hinweis: *In den Teilen A, B, C und D wird die Rechtschreibung bewertet. Das bedeutet, dass du dir am Ende noch einmal alles Geschriebene durchlesen solltest und zwar nur im Hinblick auf richtige Schreibung. Verstöße gegen die englische/amerikanische Rechtschreibung führen zum Abzug eines ganzen Punktes, wenn der Sinn des Geschriebenen entstellt wird (z. B. bei Verwechslung von ‚then' und ‚than'). Bei nicht sinnentstellenden Fehlern erfolgt Abzug eines halben Punktes (z. B. ‚easyly' statt ‚easily').*

A. Text-based tasks

1. Decide whether the following statements are right or wrong. 3 pts

Hinweis: *Die Arbeitsanweisung sagt dir hier deutlich, dass du nur entscheiden sollst, ob die Aussage richtig oder falsch ist. Dafür gibt es verschiedene Möglichkeiten der Schreibung. Entweder du nimmst die Worte der Arbeitsanweisung ‚right', ‚wrong', oder du kürzt sie ab ‚r', ‚w'. Du kannst aber auch ‚true' (t) oder ‚false' (f) schreiben oder es als Satz formulieren: ‚That's right', ‚This statement is right'. Es wird nicht verlangt, dass du die falschen Aussagen richtig stellst, oder sonstige Zusätze schreibst. Also lass alles andere weg, sonst werden dir eventuelle Rechtschreibfehler angerechnet.*

a) right
b) wrong
c) right
d) wrong
e) wrong
f) wrong

2. Compare life at PCS to your school-life. Find three things that are different.
You don't have to write complete sentences.. 3 pts

Hinweis: *Bei dieser Aufgabe sollst du nur drei Dinge schreiben, die an deiner Schule, bzw. an PCS anders sind. Es heißt zwar, du musst keine ganzen Sätze schreiben, aber pass auf: Sobald du in deiner Aussage ein Subjekt und ein Verb hast, ist es ein Satz, d. h. du musst mit einem Großbuchstaben anfangen und am Ende einen Punkt machen. Du kannst aber auch alles tabellarisch schreiben und beide Schulen gegenüberstellen.*

Möglichkeit 1:

PCS	my school
– no normal times	– regular times
– can miss classes	– must take all classes
– can work professionally during school times	– can't work during school hours
– can do schoolwork by fax or e-mail	– must do homework every day by hand
– is flexible	– not flexible

Möglichkeit 2:
– We must do our homework regularly.
– We are not allowed to miss classes to work instead.
– We can't do our schoolwork by fax or e-mail.
– Arts and Sports are normal school subjects.

Möglichkeit 3:
I just go to school to learn for my normal subjects like Maths, German, or English, etc. We have got lessons in Art or Sports but we don't do them professionally. They are just regular subjects. Our education at school is not flexible at all and not the "Do as much as you can" system. If there is something to be done, it must be done – otherwise there is a lot of trouble.

3. Answer the questions in complete sentences. The answers needn't be in the text.	6 pts

Hinweis: *Die Antworten zu diesen Fragen findest du nicht unbedingt so im Text, dass du sie direkt übernehmen kannst. Für diese Aufgabe musst du „zwischen den Zeilen" lesen können. Schreibe immer ganze Sätze, wobei ein Satz, der mit ‚because' anfängt, ausnahmsweise auch als ganzer Satz gilt.*

a) Because it is close to New York's music schools and theatres.
or: … It is close to New York's famous Juilliard School of music, the School of American Ballet, the Broadway theatre district and the city's many TV studios. (Zeile 22/23)

b) They are students at his school and actors, dancers, etc at the same time.

c) Because they are still learning. They are ordinary/normal students at the school.
or: Because everybody is here for the same reason, to get an education. (Zeile 38/39)

4. Ask questions.	6 pts

Hinweis: *Hier sollst du vier Fragen stellen, die sich auf PCS beziehen. Allgemeine Fragen zu Personen wären falsch. Beachte auch, dass du bei den vier Fragen drei verschiedene Frageformen verwenden sollst. Es handelt sich hierbei um Fragen mit verschiedenen Fragewörtern. ‚Do', ‚can', ‚must' und andere Hilfsverben sind keine Fragewörter und gelten somit nicht als verschiedene Frageform! Hier findest du eine Auswahl:*

a) How much is it to attend/go to your school?
b) Do I need any special qualifications?
c) What do the teachers do when you hand in your homework by fax or e-mail?
d) How many years must you go to PCS?
e) What kind of qualification do I get at the end of school?
f) Where do all the students come from?
g) When was the school founded?
h) What are the basic ideas of the school?
i) Has any student of PCS ever become famous?
j) Does anybody sponsor the school?

B. Use of language

1. Find words in the text for the following explanations.	6 pts

Hinweis: In dieser Aufgabe sollst du im Text die Wörter finden, die hier erklärt werden. Die Zeilenangaben helfen dir, das Wort leichter zu finden, denn es kommt in diesem Abschnitt im Text vor.

a) international

b) famous

c) education

d) athletes

e) graduate
or: to get a (high school) diploma

f) press

2. Vocabulary – Grammar	12 pts

Hinweis: Diese Aufgabe ist eine Mischung aus Wortschatz- und Grammatik-Überprüfung. Du musst die Wörter, die rechts stehen, so verändern, dass sie in die entsprechenden Lücken passen und den Satz richtig vervollständigen. Du darfst kein anderes Wort nehmen, z. B. ein Synonym.

a) beginning

b) itself
***Hinweis:** Da sich das Reflexivpronomen auf New York bezieht, muss es ‚itself' heißen.*

c) men
***Hinweis:** ‚man' ist hier nicht möglich, da sonst der Artikel dabei stehen müsste.*

d) origin
***Hinweis:** Hier ist auch der Plural ‚origins' möglich.*

e) led

f) entrance
***Hinweis:** ‚entry' ist nicht möglich, da es ‚Eintritt', ‚Eingang' heißt.*

g) was
***Hinweis:** ‚had been' ist auch möglich, da es sich um die Anfänge handelt.*

h) directly
***Hinweis:** ist Adverb, da es sich auf ‚brought' bezieht*

i) for
***Hinweis:** Hier handelt es sich um einen Zeitraum (‚a hundred years').*

j) connecting
***Hinweis:** ‚which connected' ist auch möglich, da es eine Partizipialkonstruktion ist, die mit einem Relativsatz aufgelöst werden kann.*

k) naturally
***Hinweis:** muss wieder Adverb sein, da es sich auf ‚changed' bezieht*

l) became
***Hinweis:** muss simple past sein, da es vergangen ist (‚als die Engländer kamen')*

C. Creative writing

Hinweis: *Dieser Teil ist der Hauptteil des WET. Er wird nicht nach Fehlern bewertet, sondern nach Inhalt und Sprache. Darin ist auch die Rechtschreibung enthalten.*
Für C 1 gibt es für den Inhalt 3 Punkte und für die Sprache 6 Punkte, bei C 2 für Inhalt 6 Punkte und für Sprache 12 Punkte. Die Bewertung findet nach den vorgegebenen Bewertungskriterien statt – vgl. auch S. IV am Anfang des Buches.
Eine inhaltlich und situativ falsche Aussage sowohl in C 1 als auch in C 2 ergibt für die gesamte Aufgaben 0 Punkte.

1. Give your opinion.	9 pts

Hinweis: *Hier sollst du zu zwei der Aussagen deine Meinung darlegen. Zusammen musst du auf ca. 60 Wörter kommen, d. h. du kannst die Wortzahl gleichmäßig verteilen (30 + 30) oder du kannst bei einer Meinung 20 Wörter, bei der anderen 40 Wörter schreiben. Denke daran, dass du zuerst eine Form der Zustimmung oder Ablehnung äußern musst.*

Zustimmung	***Ablehnung***
Yes, that's right.	*No, that's wrong.*
Yes, I think so.	*No, I don't think so.*
Yes, I agree (with this statement).	*No, I don't agree/disagree.*
I am of the same opinion.	*I am not of the same opinion.*

Manchmal kannst du auch sowohl eine positive als auch eine negative Meinung haben, oder dir nicht ganz sicher sein, dann sagt man: ‚That depends …', ‚On the one hand …, on the other hand …', etc.

a) I agree with this statement because you can concentrate on one thing. When you are acting in a film you have to learn your part and it might be difficult to prepare for tests at school at the same time.

b) I would not say so because that depends on the person. There are some people who want to show their talent at competitions like "Germany looks for the superstar" to become famous. Others like me are too shy to perform in public.

c) That also depends on the kind of profession the people do. Some football players, for example, definitely get too much for what they actually do. Other sportsmen who do a sport which is not popular often even have their difficulty in financing their sport.

d) Definitely not. Once you have become a star you always have to present yourself in the public and the media follows you wherever you go. There is no private life for you.

Hinweis: *In diesem Teil C 2 musst du zwischen zwei unterschiedlichen Aufgaben wählen, einer Geschichte oder einer e-mail. Pass auf, dass du nicht beide Aufgaben machst; dann zählt nur die erste, auch wenn dir die zweite sprachlich und inhaltlich wesentlich besser gelungen ist. Wichtig ist – wie immer – dass du die Aufgabenstellung genau liest, damit du weißt, was du machen sollst. Beachte auch die geforderte Wortzahl.*

2. a) Write a story.	18 pts

Hinweis: *Bei 2 a sollst du eine Geschichte schreiben. Es stehen hier zwei Sätze, die den Anfang und das Ende deiner Geschichte bilden. Die musst du übernehmen. Schon im 1. Satz findest du Hinweise, dass deine Geschichte in der Vergangenheit spielen muss (was/went). Die vorgegebenen Wörter zählen nicht zu den 120 Wörtern, die du schreiben sollst.*

It was the first time that I went to a live show of Tokyo Hotel. I was lucky to get tickets for this special event because it is normally sold out. Fortunately my father could take me to Munich because he had a day off. When we got there there, were already thousands of screaming young girls queuing in front of the entrances. Everybody seemed to want to get right to the front part of the stage to be close to their stars.
My father could not believe his eyes. When we finally got in I could hand my father over to other parents who were entertained in a special area till the show was over.
I had the chance to get very close to the stage. There I was cramped up together with other girls. But the show was perfect and so I forgot about it soon. They played all their favourite songs and everybody around me sang with them. There were three girls near me who became unconscious and had to be taken to the ambulance. After two hours when the show was over I had some difficulties in finding my father. **I'll never forget that evening**. *(180 words)*

2. b) Answer an e-mail.	18 pts

Hinweis: *Hier handelt es sich um eine e-mail, die du als Antwort auf Joes e-mail schreiben sollst. Es ist eine Art Brief, also denke an die Anrede, an Sätze des Dankes und an ein entsprechendes Ende. Und vergiss nicht, auf die Fragen einzugehen, die Joe gestellt hat.* ***Du*** *schreibst diese e-mail an* ***Joe****.*

Hi Joe,

Thank you for your e-mail. It is nice to hear from you again.
You mentioned that you went to 'Mamma Mia' on Broadway. Believe it or believe it not, we have this musical here in Stuttgart, too. I went there with my parents some weeks ago and I was fascinated by the performance. I liked the music by Abba very much although the texts were in German but it was fantastic how they managed to integrate Abba's music in a real story.
It is great that you can come and visit me this summer. Best would be if you came in August. There are my summer vacations.
As you like musicals we can go to Stuttgart where they perform "The Three Musketeers" which must be very good, too. Or we can go to Heidelberg where they always perform "The Student Prince" in the castle which is a must to visit for everybody. You will find many Americans there, too.
You need nothing special to bring along except some pictures of your family.
Looking forward to seeing you in August.

So long,
(your name) *(183 words)*

D. Skills and techniques

1. Paraphrasing.	6 pts

Hinweis: *‚Paraphrasing' bedeutet nichts anderes, als dass du den Satz, der dasteht, so umformen sollst, dass nach dem neuen Satzanfang der Inhalt des Satzes gleich bleibt.*

a) **The other models** have possibly been older (than Tell).
Hinweis: Pass auf die Zeit auf!

b) **In Florida** he wanted to win a modelling competition.
or: … he wanted to take part/be in a modelling competition.
Hinweis: Der Satz sollte hier mit ‚he wanted to' beginnen, weil es im Ausgangssatz heißt ‚he went … in order to …'.

c) **He has been a successful** model for a long time.
Hinweis: ‚for a long time' muss dazu, weil im Ausgangssatz ‚a long … career' steht.

d) **Tell's father asked**: "Do you want to study design?"
or: "Would you like to study design?"
or: "What about studying design?"
Hinweis: Es handelt sich ursprünglich zwar um eine indirekte Frage, aber hier sind mehrere Lösungen möglich.

2. Pass on the information	14 pts

Hinweis: Hier sollst du aus einem sehr langen Text Informationen entnehmen. Es ist wichtig, dass du den Text genau liest und dann die deutschen Fragen sinngemäß auf Deutsch beantwortest. Es geht nicht um eine Übersetzung, sondern um eine sinngemäße Wiedergabe, bei der du auch nicht ganze Sätze schreiben musst. Hier geben dir die Punkte auch Hinweise, wie viel du schreiben musst.

a) Ja, sie fährt Rollschuhe, Schlittschuhe, Wasserski und sie springt von Klippen; und sie macht auch Tae Kwan Do. (2 pts)
Hinweis: Hier gelten auch die englischen Bezeichnungen aus dem Text!

b) Nein. (1 pt)

c) Das bezeichnet einen arbeitssüchtigen Menschen. (2 pts)
Hinweis: Obwohl ‚workaholic' nicht im Text erklärt ist, kannst du aus dem Zusammenhang heraus eine Erklärung geben, z. B. auch: ‚Sarah hat immer viel gearbeitet seit sie mit vier Jahren entdeckt wurde'.

d) Als sie vier war, entdeckte sie ein Agent zufällig in einem Restaurant. (2 pts)

e) Sie ist Gastgeberin in Talkshows und Model. (2 pts)

f) Ja. (1 pt)
Hinweis: Du musst nicht schreiben ‚in Frankreich und der Schweiz', denn danach wird nicht gefragt.

g) Nein. (1 pt)
Hinweis: Auch hier wird nicht danach gefragt, wann sie den Emmy bekommen hat.

h) (Das war) 1996. (1 pt)

i) Innerhalb von zwei Tagen wurde er zur Nummer 1 in der Hitparade und spielte einen Gewinn ein. (2 pts)

3. Translate the text about the history of PCS into German.	12 pts

Hinweis: *Im Gegensatz zu der vorherigen Aufgabe musst du hier alles wortwörtlich übersetzen, aber darüber nicht das gute Deutsch vergessen. Die Sätze müssen grammatikalisch richtig sein.*
Jedem Satz/Absatz ist eine bestimmte Punktzahl zugeordnet, die nicht überschritten werden kann, d. h. du kannst keine Minuspunkte bekommen.
Einen Punkt Abzug gibt es, wenn …
- *du ein Wort falsch übersetzt,*
- *du ein Wort zwar richtig übersetzt, es aber nicht in den Zusammenhang passt,*
- *du ein Wort oder einen Ausdruck nicht übersetzt,*
- *du eine grammatikalische Form falsch überträgst,*
- *du gegen die deutsche Wortstellung verstößt.*

Einen halben Punkt Abzug gibt es, wenn …
- *du einen Flüchtigkeitsfehler machst,*
- *du nur leicht abweichst, den Sinn aber nicht entstellst.*

Am 6. Januar 1914 entschlossen[1] sich Jane Hall und Jean Robinson, eine Schule besonders für New Yorks Bühnenkinder[2] zu gründen. [3/4] (2 pt)

Sie wollten diesen Kindern eine Möglichkeit zu einer gründlichen[5] Ausbildung geben. (2 pt)

Gleichzeitig erlaubten sie den jungen Schauspielern und Schauspielerinnen, ihre Berufe[6] fortzusetzen[7]. (2 pt)

Die Schulstunden sind den unterschiedlichen[8] Unterbrechungen angepasst[9], die ein Leben auf der Bühne verlangen[10]. (2 pt)

Zuerst mietete[11] die Schule drei Stockwerke[12] in einem Geschäftsgebäude[13]. 1956[14] zogen sie an einen neuen Ort[15] mit mehr Raum[16] für zusätzliche Klassenzimmer, mit einem Sportprogramm und einer richtigen[17] Cafeteria. (4 pt)

Hinweise:
1 Inversion, hier muss im Deutschen das Verb vor dem Subjekt stehen.
2 auch: Schauspielernachwuchs
3 auch: aufzubauen, zu schaffen
4 Inversion, hier muss das Verb im Deutschen am Ende des Satzes stehen.
5 auch: guten, anständigen
6 auch: Karrieren
7 auch: weiterzuführen
8 auch: verschiedenen
9 ‚adapted' muss hier mit ‚angepasst' übersetzt werden, sonst gibt es keinen Sinn.
10 auch: fordern
11 ‚to rent' heißt ‚mieten'
12 ‚floors' sind hier Stockwerke, nicht Fußböden
13 auch: Bürogebäude
14 Vor der Jahreszahl steht im Deutschen kein ‚in'.
15 auch: Platz
16 ‚space' bezieht sich nur auf die zusätzlichen Klassenzimmer, nicht auf die beiden folgenden Angaben.
17 auch: ordentlichen

E. Spelling check

Find the ten mistakes in the following text and write them down correctly.	5 pts

***Hinweis:** Bei dieser Aufgabe ist es wichtig, dass du die zehn falsch geschriebenen Wörter findest und sie aufschreibst. Es handelt sich nur um Schreibfehler, keine grammatikalischen Fehler oder Satzzeichenfehler. Es ist hier besonders schwierig, da es ein zusammenhängender Text ist.*

Before he came to PCS Rhett had gone to a public school. He was acting a little, but not professionally. His sister had **always** acted and she went to PCS. She told him to come, too. In the beginning he didn't want to go to PCS with all those freaks and dancers. But **then** he visited the school and realized he was one of those 'freaks' too and **fitted** perfectly! When he was there he got the idea about the book and sold it to a **publisher**. It is a book for parents about how to talk to their teenage kids about difficult **subjects** like sex and drugs. It took him about three years to **complete** it. Now he is working on **another** book, a kind of funny travel guide, like the **ones** by the **author** Bill Bryson. Without PCS he could never have done that.

Scooters

In Italy you see them everywhere, ridden by small young people in trendy clothes. In India whole families use them to get around and to transport their luggage. In the 1960s, young people in Britain rode them to seaside towns.

Scooters are cheap, quick and easy to park. And with petrol prices higher than ever, more and more people are buying them. Even Americans who like to drive big cars, are discovering the scooter. A national survey for the company that makes the Vespa found out that 30 per cent of Americans would consider using a scooter to get around.
New Yorkers are already getting on their scooters to travel to work. There are scooter clubs, scooter Internet message boards and groups who meet to ride their scooters to get to work.

The scooter industry is expecting a boom this summer. Dealers say that sales have doubled every year for the last three years. The advantages of riding a scooter are clear. Petrol in the US costs $ 3 a gallon[1]. That is still cheap by European standards, but much more than Americans used to pay. A scooter uses as little as 2 litres per 100 km. Therefore this vehicle is attractive especially for teenagers because they can afford riding it. The cheap two-wheelers could be good for the US economy and environment, too. A survey says that Americans could reduce petrol consumption[2] by 14 million gallons a day. Scooters have other advantages, too. In cities like New York with lots of traffic, they can overtake cars in a jam and are easy to park. And, of course, they are fun. Scooter riders like the freedom, the feeling of the wind in their face.

The only problem with scooters is that unless you use them properly, they can be dangerous. In London, for example, scooter riders are killed or seriously injured every day. Scooter riders make up almost half of all motorcycle accidents in the capital. Small motorcycles and scooters are more likely to be involved in accidents than larger ones, especially when riders are young and inexperienced.
Some of the most common motorcycle and scooter accidents are caused by bad road conditions, by people driving too fast and losing control of their vehicles or by not recognizing the dangers of narrow country roads. Collisions often happen while overtaking and at crossroads.

The Royal Society for the Prevention of Accidents (ROSPA) tells motorcycle and scooter riders: "Always remember that if there is a collision between a car and your scooter, you and the scooter will come off worst even if it is not your fault."
So the message to scooter riders is: Enjoy your scooter, have fun – but take care. *(451 words)*

Adapted from: 'Read on' 08/2006. Eilers & Schünemann Verlag

1 gallon: 4,546 litres
2 consumption: Verbrauch, Konsum

A. Text-based tasks

1. Finish the following sentences using the information from the text.	4 pts

a) Seaside towns were the places …
b) If you want to share your interest in scooters you can …
c) The petrol consumption of a scooter is …
d) In heavy traffic scooters …

2. Answer the questions in complete sentences.	6 pts

a) What are scooters used for in India? (2 items)
b) Why do scooters become more and more popular in America? (2 items)
c) When are accidents most likely to happen? (2 items)

3. Ask questions.	6 pts

You want to buy a second-hand scooter. You meet the man who wants to sell it. Ask him **four** questions about it. Use at least three different question forms.

B. Use of language

1. Find the opposites.	3 pts

a) more	(line 13)
b) advantages	(line 18)
c) narrow	(line 32)

2. Find words or expressions that mean more or less the same.	3 pts

a) to use them properly	(line 22)
b) to be injured	(line 23)
c) almost	(line 24)

3. Explain **two** of the following words in complete sentences.	4 pts

a) trendy	(line 1)
b) to afford	(line 15)
c) freedom	(line 20)

4. Vocabulary – Grammar	12 pts

Read the text. Find the suitable forms of the words and write them down.

The number of accidents with scooters ____ since May.	a) rise
One reason is that more and more of these vehicles ____ every year.	b) sell
Last week two people died ____. A 16-year-old girl	c) tragic
____ and struck her head while ____ her friend how to	d) fall e) show
ride a scooter. Riding a scooter is ____ than going by car.	f) dangerous
Parents are worried about their ____ because they	g) child
might not drive their vehicles ____.	h) care
Helmets ____ a must. Trendy designs influence young	i) be
people in their ____ to buy a scooter.	j) decide
But ____ careful is most ____.	k) be l) importance

C. Creative writing

1. What would you do or say?	9 pts

Choose **two** of the following situations and explain yourself.
Write about 60 words altogether.

a) You are talking to your parents and want to convince them that you really need a scooter.
b) You are riding a scooter and the police stop you because you are not wearing a helmet.
c) You are on your scooter and bump into your neighbour's car.

Choose task 2 a *or* 2 b. Do not work on both tasks.

2. a) Write an article.	18 pts

Because of global warming and other environmental problems you decide to join an environmental organization. Write an article for their homepage describing your local activities.
Write about 120 words.

2. b) Write a letter.	18 pts

During your last holidays you rented a scooter to discover the countryside. You send a letter to your American friend to tell her/him everything about the trip.
Write about 120 words.

D. Skills and techniques

1. Pass on the information.	13 pts

Dein Freund muss eine Präsentation über die Firma Piaggio vorbereiten. Er findet im Internet Informationen. Da seine Englischkenntnisse nicht sehr gut sind, bittet er dich um Hilfe. Beantworte seine Fragen auf Deutsch.

a) Wo wurde die Firma gegründet? 1 pt
b) Arbeitet Herr Rinaldo Piaggio noch in der Firma? 1 pt
c) Was produzierte die Firma vor ca. 100 Jahren? (2 items) 2 pts
d) Wer ist D'Ascanio? 1 pt
e) Was war seine bedeutendste Entwicklung abgesehen vom ersten modernen Hubschrauber? 1 pt
f) Welche Eigenschaften sollte das Transportmittel, das er entwickeln wollte, haben? (3 items) 3 pts
g) Warum wurde die Vespa ‚Vespa' genannt? 1 pt
h) Wo, außer in Italien, wurde die Vespa noch produziert? (4 items) 2 pt
i) Welche Möglichkeiten eröffnete die erste Vespa ihren Besitzern? 1 pt

Vespa History

The Beginning

Piaggio was founded in Genoa, Italy in 1884 by twenty-year-old Rinaldo Piaggio. Rinaldo's business began with luxury ship fitting. But by the end of the century, Piaggio was also producing rail carriages, luxury coaches, truck bodies, engines, and trains.
With the onset of World War I, the company forged new ground with the production of airplanes and seaplanes. In 1917 Piaggio bought a new factory in Pisa, and four years later it took over a small factory in Pontedera in the Tuscany region of Italy. It was this factory in Pontedera which became its new center for aeronautical production (propellers, engines and complete aircraft).
During World War II, the Pontedera factory built the state-of-the-art P 108 four-engine aircraft, in both passenger and bomber versions. However, the factory was completely destroyed by Allied bombers due to its military importance.

Rebirth

Piaggio came out of the conflict with its Pontedera factory in complete ruin. Enrico Piaggio who had taken over from his father Rinaldo, decided to focus the company's attention on the personal mobility needs of the Italian people.
Piaggio's ingenious aeronautical engineer D'Ascanio who had designed, constructed and flown the first modern helicopter could not stand motorcycles. So he dreamed up a revolutionary new vehicle by designing a simple, sturdy, and economical vehicle that was also comfortable and elegant. The front fork, gear, allowed for easy wheel changing. The result was an aircraft-inspired design that to this day remains forward-thinking and unique among all other two-wheeled vehicles.

Upon seeing the vehicle, Enrico Piaggio remarked "Sembra una Vespa!" ("It looks like a wasp!") This was a real two-wheeled utility vehicle. But it did not resemble an uncomfortable and noisy motorcycle. The steel frame's shape protected the rider from road dirt and debris. It emanated class and elegance at first glance. By the end of 1949, 35,000 units had been produced. Italy was getting over its war wounds and getting about on Vespas. In ten years, one million were produced. By the mid-fifties, Vespa was being produced in Germany, Great Britain, France, Belgium, Spain and, of course, Italy.

Vespa has lived on from one generation to the next, subtly modifying its image each time. The first Vespa offered mobility to everyone. Then, it became the two-wheeler of the post war economic boom. During the sixties and seventies, the vehicle became a symbol for the revolutionary ideas of the time. And the story continues today with the new generation of Vespa models.

2. Translate the text into German.	12 pts

The only problem with scooters is that they can be dangerous.	1 pt
In London, for example, scooter riders are killed or seriously injured almost every day.	2 pts
Scooter riders make up about half of all motorcycle accidents in the capital.	2 pts
Small motorcycles and scooters are more often involved in accidents than larger ones, especially when riders are young and inexperienced.	3 pts
Always remember that if there is a collision between a car and your scooter, you and the scooter will come off worst, even if it is not your fault.	4 pts

Lösungen

Hinweis: In einem WET wird die Rechtschreibung in allen vier Teilen bewertet. Das heißt, bei sinnentstellenden Verstößen gegen die englische/amerikanische Rechtschreibung wird dir ein ganzer Punkt abgezogen (z. B. bei Verwechslung von ‚than' und ‚then'), bei nicht sinnentstellenden Fehlern (z. B. ‚easyly' statt ‚easily') nur ein halber. Das bedeutet, dass du dir alles am Ende nochmals durchlesen musst, um solche Fehler zu vermeiden. Wichtig bei der Bearbeitung aller Aufgaben ist auch immer, die Arbeitsanweisungen genau zu lesen.

A. Text-based tasks

***Hinweis:** In diesem A-Teil eines WET sollst du dich auf verschiedene Arten mit dem Ausgangstext dieser Arbeit auseinandersetzen. Die Idee und die Informationen werden dich durch die ganze Arbeit verfolgen und du wirst sie immer wieder verwenden können. Das ist auch ein Grund, warum du solch eine Arbeit möglichst immer von Anfang bis Ende, d. h. von vorne nach hinten bearbeiten solltest und nicht durcheinander.*

1. Finish the following sentences using the information from the text.	4 pts

***Hinweis:** Bei dieser Aufgabenstellung heißt es, du sollst die Satzanfänge mit Informationen aus dem Text sinnvoll ergänzen. Manchmal ist es hierbei sogar möglich, die Sätze direkt aus dem Text abzuschreiben. Oftmals aber musst du die gefundene Information umformen, damit der Satz stimmt.*

a) … where young people in Britain rode their scooters to in the 1960s.
***Hinweis:** Da es in diesem Zusammenhang um Jugendliche in GB geht, muss ‚in Britain' mit in deine Antwort. Denke auch daran, dass das Wörtchen ‚to' nicht fehlt, denn es zeigt die Richtung auf.*

b) … join a scooter club.
or: … join an Internet message board to exchange ideas.
or: … join groups who meet to ride their scooters to get to work.
***Hinweis:** Bei diesem Satz musst du das richtige Verb finden und einsetzen (‚join'), denn im Text steht es nicht.*

c) … (as little as) 2 litres per 100 km.
or: … low.

d) … are (often) more likely to be involved in accidents.
or: … can overtake cars easily.
or: … can be dangerous.

2. Answer the questions in complete sentences.	6 pts

***Hinweis:** Dies ist wieder eine Aufgabe, für die du den Text nochmals durchlesen musst. Die Antworten findest du alle im Text. Denke daran, dass du jeweils 2 Aussagen zu den Fragen aufschreiben musst.*

a) In India, whole families use them to get around and to transport their luggage.

b) (They are popular in America because) scooters are cheap and easy to park.
auch: The petrol consumption is low (using little petrol). Scooters can easily overtake in heavy traffic and are good for the environment.

Hinweis: Du kennst die Regel: auf eine ‚why'-Frage wird mit ‚because' geantwortet. Wenn du aber mit ‚because' deine Antwort anfängst, ist es kein vollständiger Satz. Also musst du entweder einen Teil der Frage wiederholen, um dann die Antwort mit ‚because' anzuschließen, oder du umgehst den langen Satz, indem du nur die Antwort schreibst, die nach dem ‚because' kommt.

c) Accidents are most likely to happen in heavy traffic or when scooters are not used properly.
auch: Accidents are caused by bad road conditions, and by people not recognizing the dangers of narrow country roads.
They often happen when riders are young and inexperienced.

3. Ask questions.	6 pts

***Hinweis:** Bei der Bildung dieser Fragen musst du genau die Situation erfassen. Es geht hier darum, dass du einen gebrauchten Scooter (= Roller) kaufen möchtest und nun dem Verkäufer Fragen stellst. Allgemein gültige Fragen sind also falsch und geben 0 Punkte. Beachte auch, dass du 4 Fragen stellen sollst, bei denen es 3 unterschiedliche Frageformen sein müssen.*

a) How old is the scooter?

b) Has it already been involved in an accident?

c) Where did you buy it?

d) Are you the first owner?

e) How much is it?

f) What make is it?

g) Have you already tuned your scooter?

h) Is it insured?

i) Does it have an insurance certificate?

B. Use of language

***Hinweis:** Auch im B-Teil musst du dich noch mit dem Text auseinandersetzen.*

1. Find the opposites.	3 pts

***Hinweis:** Die Zeilenangaben geben dir den Hinweis auf die Textstelle, wo du die angegeben Wörter findest. Die neuen Wörter müssen von der Bedeutung her in diese Stelle passen. Deshalb kann es auch sein, dass auch andere Gegenteile gelten als du sie vielleicht bisher gelernt hast.*

a) less

b) disadvantages
***Hinweis:** Es muss hier der Plural sein, da auch die Vorgabe im Plural steht.*

c) wide
or: broad

2. Find words or expressions that mean more or less the same.	3 pts

Hinweis: *Hier sollst du Wörter finden, die die angegebenen ersetzen ohne den Sinn zu verändern (= Synonyme). Auch hier gilt wieder, es müssen nicht die von dir bisher gelernten sein.*

a) correctly
or: carefully, well, in the right way

b) to be hurt
Hinweis: *‚hurt' alleine wäre falsch – du musst ‚to be' dazusetzen.*
or: to get hurt, to be wounded

c) nearly
or: about

3. Explain **two** of the following words in complete sentences.	4 pts

Hinweis: *In dieser Aufgabe sollst du 2 der Wörter erklären, d. h. so beschreiben, dass der Leser erkennt, um welches Wort es sich handelt. Das bedeutet, dass du das Wort eigentlich nicht verwenden solltest. Es kommt darauf an, wie du die Erklärung formulierst. Wenn du das Wort nur in einem Beispiel anwendest, ist das keine Erklärung.*

a) 'Trendy' means almost the same as fashionable.
or: modern, in the latest fashion, cool, being in

b) 'To afford' means to be able to pay for something.

c) 'Freedom' is another word for liberty.
or: 'Freedom' means the state of being free, of feeling free.

4 Vocabulary – Grammar	12 pts

Hinweis: *Hier musst du beweisen, was du in Bezug auf Sprachempfinden und Grammatik gelernt hast. Die Wörter, die auf der rechten Seiten stehen, musst du verändert, aber aus derselben Wortfamilie, in die Lücken einsetzen, so dass die Sätze einen Sinn ergeben. Dabei kann es sein, dass du aus einem Verb ein Nomen oder ein Adjektiv oder Adverb machen, ein Verb in die richtige Zeitform setzen musst, etc. Du darfst kein Synonym verwenden.*

a) has risen
or: has been rising
Hinweis: *Hier musst du das Present Perfect einsetzen, weil eine Zeitangabe mit ‚since' im Satz steht.*

b) are sold
Hinweis: *Das Verb hier muss im Present Tense stehen, da es ‚every year' heißt und dazu noch im Passiv, sonst gibt der Satz keinen Sinn.*

c) tragically
Hinweis: *Hier musst du das Adverb einsetzen, da sich ‚tragic' auf das Verb bezieht. Pass auf bei der Bildung! Adjektive auf ‚-ic' bilden das Adverb, indem du ‚-ally' anhängst. (Vgl. auch Kurzgrammatik vorne im Buch, G1).*

d) fell
Hinweis: *Das Verb muss im Past Tense stehen, da auch das zweite Verb im Past Tense steht.*

e) showing
or: she was showing
Hinweis: *Hierhin gehört eigentlich ein Partizip, oder du machst einen Nebensatz daraus.*

f) more dangerous
Hinweis: *An dem nachfolgenden ‚than' erkennst du, dass du hier den Komparativ einsetzen musst. Denke daran, dass es sich hier um ein dreisilbiges Adjektiv handelt, das du mit ‚more' steigern musst.*

g) children

h) carefully
Hinweis: *‚Carefully' bezieht sich auf ‚drive', also auf das Verb.*

i) are
Hinweis: *Das Verb muss im Present Tense stehen, sonst passt der Text nicht.*

j) decisions
Hinweis: *Hier muss der Plural stehen, da es sich auf ein Pluralwort bezieht.*

k) being
Hinweis: *Das fehlende Wort ist in diesem Satz das Subjekt, also muss das Gerund eingesetzt werden.*

l) important

C. Creative writing

Hinweis: *In diesem Teil der Arbeit musst du beweisen, dass du dich in Englisch verständlich und einigermaßen richtig ausdrücken kannst. Bei der Bewertung wird getrennt nach Inhalt und Sprache beurteilt; im letzteren ist auch die Rechtschreibung enthalten. (Vgl. auch die Bewertungskriterien am Anfang des Buches)*

1. What would you do or say.	9 pts

Hinweis: *Du musst dich hier für zwei Situationen entscheiden und schreiben, wie du dich in diesen verhalten würdest oder was du sagen würdest. Es gibt auch hier verschiedene Möglichkeiten: du kannst einmal direkt schreiben, was du in dieser Situation tust und sagst, oder du schreibst, was du sagen würdest. Außerdem musst du darauf achten, dass du insgesamt ungefähr 60 Wörter schreibst, d. h. bei einer Situation kannst du 20 Wörter schreiben, bei der anderen 40.*

a) Well, you see, the way to school is very long and if I take the bus or train I will lose a lot of time on the way which I could use for studying. *(34 words)*
or: If I had a scooter, I'd be more independent. You wouldn't have to take me to my friends, to the sports club or the guitar lessons. *(26 words)*

b) I am terribly sorry, but I just got a phone call from home saying that my mother fell and can't move. I was in such a hurry and so confused that I forgot my helmet at school. *(38 words)*

c) Oh, my God, what have I done? Shall I go to my neighbour and tell him what I did? Am I properly insured? Will my insurance pay? *(28 words)*
or: First of all, I'd look at the damage and then go to my neighbour, tell him what had happened and offer my help. I could do some of the repairs or pay for the damage. But I must also ask my parents if they would lend me the money for the repairs. Anyway it was my fault. *(57 words)*

Hinweis: In diesem zentralen Teil eines WET hast du die Wahl zwischen 2 unterschiedlichen Aufgabentypen – auch wenn sie manchmal ähnlich aussehen. Du musst dich für eine Aufgabe entscheiden und nicht beide Aufgaben bearbeiten. Solltest du das tun, wird dir nur die erste Aufgabe bewertet, auch wenn du die zweite wesentlich besser bearbeitet hast.
Wichtig ist, dass du auch hier wieder die Aufgabenstellung ganz genau liest und dementsprechend die Aufgabe erfüllst. Es ist insofern von Bedeutung, da die Bewertung den Inhalt getrennt erfasst. Solltest du inhaltlich falsch liegen, gibt es keine Punkte, auch wenn du dein bestes Englisch geschrieben hast.
Achte auf die Wortzahl und die Zeit, in der du deinen Text schreibst.

2. a) Write an article	18 pts

***Hinweis:** Gemäß der Situation möchtest du einer Umweltorganisation beitreten. Hier sollst du nun einen Artikel für deren Homepage schreiben und Aktivitäten beschreiben, die in deinem Heimatort bisher in dieser Hinsicht gemacht werden. Und denke daran, dass ein solcher Artikel eine Überschrift haben muss.*

Our activities to protect the environment
In our town we try to protect wildlife by building nesting boxes, clearing the river banks and the rivers, and by avoiding chemical or toxic substances in the gardens.
To reduce global warming we have car-free weekends once a month.
In addition we have information evenings to tell the people about alternative forms of energy, such as putting up solar cells onto their roofs, using heat pumps instead of burning oil and collecting rain water to use in the gardens.
The clubs and the schools also work together in events to even make the young generation realize the problems of global warming. We advise the youngsters to use their bikes more often or to walk.
With these activities we hope to set an example for other communities to do something for our environment. *(138 words)*

2. b) Write a letter.	18 pts

***Hinweis:** Hier sollst du einen Brief an deinen amerikanischen Freund bzw. Freundin schreiben und ihm/ihr von deinen letzten Ferien berichten, in denen du dir einen Roller gemietet hattest, um die Schönheiten der Landschaft zu entdecken. Das bedeutet, dass du die Geschichte in der Vergangenheit schreiben musst, da es deine letzten Ferien waren. Solltest du das nicht machen, ist die Geschichte inhaltlich falsch und du bekommst keine Punkte, auch wenn du ein fantastisches Englisch schreibst. Zum anderen denke daran, wie man einen Brief schreibt. Die Anrede muss ‚Dear …' sein, am Ende solltest du z. B. ‚Love (= Mit herzlichen Grüßen)' oder ‚Yours (= Der/Die Deine)' und deinen Namen schreiben.*

Dear Alan,

In my last holidays I was in Tuscany. To get around more easily I rented a Vespa, a vehicle which you can see everywhere there.
Although most Italians ride like mad and don't seem to care about any traffic regulations I soon realized the advantages of such a small vehicle.
Riding on the narrow country roads I got a feeling of freedom and adventure. On the scooter I could enjoy that fantastic countryside much better than imprisoned in a car.
I felt so close to the hills and cypresses, the vineyards and olive groves. I visited the nice village of San Gimigniano, the Manhattan of the Middle Ages, and the wonderful towns

of Pisa and Florence. In Lucca I went to see the factory where they make the famous olive oil.
Whenever you go to Italy I can only recommend to rent a scooter and try for yourself.

All the best,
(your name) *(152 words)*

***Hinweis:** Da der Text die ‚Vespa', den italienischen Roller schlechthin, zum Thema hat, könnte dieser Brief, d. h. deine Ferienerlebnisse, auch in Italien spielen. Dabei musst du nicht unbedingt die englische Schreibweise der italienischen Städte verwenden.*

D. Skills and techniques

***Hinweis:** In diesem WET musst du beweisen, dass du Informationen weitergeben und übersetzen kannst.*

1. Pass on the information.	13 pts

***Hinweis:** In diesem ersten Teil musst du aus einem englischen Text Informationen entnehmen, die du dann auf Deutsch wiedergeben musst, wie du unschwer aus den deutschen Fragen entnehmen kannst. Solltest du hier die Antworten auf Englisch geben, wird diese Aufgabe mit 0 Punkten gewertet.*
Die Fragen hier erfordern meist keine ausführlichen Antworten, d. h. du kannst oft nur mit einzelnen Worten antworten.

a) In Genua (1 pt)
oder: In Italien
***Hinweis:** Solltest du nicht wissen, dass Genoa Genua ist, kannst du auch den italienischen Namen stehen lassen.*

b) Nein (1 pt)
***Hinweis:** Die Frage verlangt nur ‚nein' als Antwort; du musst keine weiteren Informationen hinzufügen.*

c) Zugwaggons, Luxuskutschen (2 pts)
auch: Lkw-Karosserien, Motoren, Züge, Flugzeuge und Wasserflugzeuge
***Hinweis:** Hier werden 2 Begriffe verlangt. Im Text stehen wesentlich mehr, also hast du eine große Auswahl. Nur beachte, dass die Frage lautet: ‚Was produzierte die Firma vor ca. 100 Jahren?'*

d) Er war ein Luftfahrtingenieur. (1 pt)
***Hinweis:** ‚Ingenieur' reicht in diesem Fall auch.*

e) die Vespa (1 pt)

f) bequem, elegant, einfach (3 pts)
auch: robust, ökonomisch, sparsam, leichter Reifenwechsel
***Hinweis:** Hier werden 3 Eigenschaften verlangt; du hast die Auswahl.*

g) weil sie einer Wespe ähnlich sieht (1 pt)

h) Deutschland, Großbritannien, Frankreich, Belgien (2 pts)
auch: Spanien

i) Beweglichkeit, Unabhängigkeit (1 pt)
auch: Mobilität
***Hinweis:** Zwar verlangt die Frage, dass du mindestens zwei Möglichkeiten angibst, doch wird nur ein Punkt vergeben.*

2. Translate the text into German.	12 pts

Hinweis: *Im Gegensatz zu der vorherigen Aufgabe musst du hier den Text übersetzen, d. h. jedes Wort richtig ins Deutsche übertragen und dann auch noch einen guten deutschen Satz schreiben. Jedem Satz ist eine bestimmte Punktzahl zugeordnet, die nicht überschritten werden kann, d. h. du kannst keine Minuspunkte bekommen.*
Es gibt einen Punkt Abzug, wenn …
- *du ein Wort falsch übersetzt,*
- *du ein Wort zwar richtig übersetzt, es aber nicht in den Zusammenhang passt,*
- *du ein Wort oder einen Ausdruck nicht übersetzt,*
- *du eine grammatikalische Form falsch überträgst,*
- *du gegen die deutsche Wortstellung verstößt.*

Einen halben Punkt Abzug gibt es, wenn …
- *du einen Flüchtigkeitsfehler machst,*
- *du nur leicht abweichst, den Sinn aber nicht entstellst.*

Das einzige[1] Problem mit den Rollern[2] ist, dass sie gefährlich sein können. (1 pt)

In London, zum Beispiel, werden Rollerfahrer fast[3] jeden Tag getötet[4] oder schwer[5] verletzt. (2 pts)

Rollerfahrer machen[6] ungefähr[7] die Hälfte aller Motorradunfälle in der Hauptstadt aus. (2 pts)

Kleine Motorräder[8] und Roller sind öfter[9] in Unfälle verwickelt als größere[10], besonders[11] wenn die Fahrer jung und unerfahren sind. (3 pts)

Denke immer daran[12], dass, wenn[13] es einen Zusammenstoß[14] zwischen einem Auto und deinem[15] Roller gibt, du und der Roller am schlimmsten[16] abschneiden[17] werden, selbst wenn[18] es nicht dein Fehler[19] ist. (4 pts)

Hinweise:

1 *Im Deutschen heißt es ‚das einzige', nicht ‚das einzigste'.*
2 *Scooter ist ein Roller, kein Mofa/Moped (= moped) oder Motorrad (= motorbike).*
3 *‚almost every day' = fast, beinahe jeden Tag*
4 *‚to kill' heißt ‚töten', nicht ‚sterben'*
5 *Es ist auch möglich, ‚ernstlich' verletzt zu sein.*
6 *‚to make up' heißt ‚ausmachen'. Möglich ist auch ‚Ursache sein für', aber ‚verursachen' heißt ‚to cause'.*
7 *Nicht das kleine Wort ‚about' (= ungefähr) vergessen zu übersetzen.*
8 *‚motorcycles' sind ‚motorbikes', also Motorräder*
9 *‚more often' ist eine Steigerungsform = öfter*
10 *‚larger ones' bezieht sich auf ‚motorcycles and scooters', also braucht ‚ones' nicht übersetzt werden. Es ist ein so genanntes Stützwort.*
11 *‚especially' = besonders*
12 *‚Always remember' ist eine Aufforderung und kann hier nur heißen ‚Denke immer daran' oder ‚Vergiss nicht'. ‚Erinnere dich' ist hier falsch.*
13 *‚that if' ist bei der Übersetzung eine seltsame Konstruktion, muss aber an dieser Stelle in dieser Reihenfolge übersetzt werden.*
14 *‚collision' kann auch mit Kollision oder Crash übersetzt werden.*
15 *Hier steht ‚your scooter', also muss es auch übersetzt werden.*
16 *‚worst' ist der Superlativ = am schlechtesten, am übelsten*
17 *‚come off' heißt ‚abschneiden'. Du kannst hier auch ‚am schlechtesten wegkommen' schreiben.*
18 *‚even if' heißt ‚selbst wenn', aber auch ‚sogar wenn' oder ‚auch wenn' sind möglich.*
19 *‚fault' kann auch mit ‚Schuld' übersetzt werden.*

Kruger National Park

© stellab/sxc.hu

Everybody knows that Africa is the best place to see wild, dangerous and beautiful animals. Kruger National Park is the biggest of 20 national parks in South Africa – and one of the world's most popular game[1] parks. It opened in 1898 to protect South Africa's wild animals. And it is home to the Big Five: elephants, lions, white rhinos, leopards and buffaloes. These are the five most dangerous animals to hunt.

A lot of people live and work at Kruger National Park. One of them is Warren Pieterse, 22, from Johannesburg. He is one of the game rangers at Djuma Game Reserve. It took him five years to train for his dream job. Every morning he takes visitors on two three-hour game drives.
"I always tell the visitors that they mustn't get out of the vehicle or even stand up until I tell them it's safe", Warren says, "the animals see the vehicle as one object. But if someone stands up, the animals become nervous and attack. I've been trained how to react in difficult situations. So it's only me who is allowed to get out of a vehicle."

Once, however, Warren found himself in a dangerous situation. "I was on a walk in the bush with another ranger", he says. "We walked into a group of lions! They started circling us. We knew that if we tried to run, they'd attack. We moved backwards very slowly – two or three steps every half an hour – so the lions knew we weren't a threat. It took hours to get away."

On game drives, Warren has a tracker with him to find animal tracks in the bush. "You need a trained eye to see most of the animals because they're usually well camouflaged[2]", Warren explains. "Every drive is different. One day, we might see lions, elephants, rhinos. The next day we might see nothing!"
What Warren loves most about his job is being with the animals. He finds it great to see the expressions on people's faces when they see them. Warren loves all the animals but says: "If I had to choose a favourite, it would be the elephant or the leopard because they're so intelligent."

Alannah McDonald from London is 18 and started working at Kruger National Park a few months ago. "I work at Vuyatela – the five-star lodge at Djuma Game Reserve. Here I can welcome people from all over the world. When guests check in, I tell them about the rules of the lodge. One says that they aren't allowed to walk around on their own after dark. I love going on game drives with the visitors. Seeing an elephant in the wild is an experience you'll never forget but you should always listen to the game rangers. The animals might look sweet but they can be very dangerous." *(474 words)*

Adapted from: 'Spot on' 3/2007. Spotlight Verlag GmbH, www.spoton.de

1 game: Großwild
2 camouflaged: getarnt

A. Text-based tasks

1. Finish the following sentences using the information from the text.	3 pts

a) Hunting the Big Five …
b) The elephant and the leopard are the two animals Warren Pieterse …
c) At night visitors must not …

2. Read the text and find information about a game ranger's job. You do not have to write complete sentences. (4 items)	4 pts

3. Answer the questions in complete sentences. The answers need not be in the text.	6 pts

a) Is it dangerous to watch the animals from inside the vehicles? Why?/Why not?
b) How did Warren and one of his colleagues once manage to get out of a dangerous situation?
c) What shouldn't you do as a visitor at Kruger National Park? (2 items)

4. Ask questions.	6 pts

Ask Alannah McDonald **four** questions about her job at Kruger National Park.
Use at least three different question forms.

B. Use of language

1. Find the opposites.	3 pts

a) nervous (line 16)
b) well (line 24)
c) different (line 25)

2. Explain **two** of the following words in complete sentences.	4 pts

a) vehicle (line 14)
b) to attack (line 16)
c) rules (line 33)

3. Vocabulary – Grammar	10 pts

Read the text. Find the suitable forms of the words and write them down.

Skye Ebden, a 19-year old ____ wanted to see South Africa. So he went to work at Kruger National Park.	a) Australia
"At the moment I ____ at the Djuma Game Reserve in	b) work
Kruger. I ____ here three months ago to see the wild animals. It's hot – and very different to where I come from. I'm	c) come
a ____ at Vuyatela Lodge and Bush Lodge. I carry people's	d) voluntary
bags, help to cook meals in the kitchen, serve guests ____ meal times and clean rooms.	e) in / at / for
This is a ____ country. I can't get enough of the wide-open	f) beauty
spaces. But the ____ thing has been seeing the animals! I love the leopards and the giraffes. It's also great to talk to	g) good
the village people. Their ____ are so different from ____.	h) life i) my
They live without any ____. They don't have much but they seem to be really happy."	j) electrical

C. Creative writing

1. Give your opinion.	9 pts

Choose **two** of the following statements and write about 60 words altogether.

a) The number of tourists visiting national parks should be limited.
b) A trip through the wilderness can be a great experience.
c) Being a game ranger is a dream job – but only for boys.

Choose task 2 a) *or* 2 b). Do not work on both tasks.

2. a) Write a letter of application.	18 pts

You read an advertisement about a summer job at Kruger National Park. It says that you would have to assist game rangers with their work. You want to apply for the job. Write about 120 words.

2. b) Write a story.	18 pts

Write a story of about 120 words from an elephant's point of view.
Start like this:

My name is Bobo. I'm an elephant at Kruger National Park…

D. Skills and techniques

1. Mediation	15 pts

During your stay at Kruger National Park you and your family talk to Allanah McDonald. As your parents' English is not very good you must help them.

Mutter:	Frag mal bitte, um wie viel Uhr die Safari beginnt.	
a) You:	…	1 pt
Alannah:	The game drive starts at 5:45 in the morning. And the ranger will wake you up at 5 o'clock.	
b) You:	…	1 pt
Vater:	Frag bitte Frau McDonald, wo und wann wir vor der Safari frühstücken können.	
c) You:	…	2 pts
Alannah:	Breakfast is served on the veranda between 5:00 and 5:30.	
d) You:	…	1 pt
Mutter:	Brauchen wir eine bestimmte Ausrüstung oder Kleidung für die Safari?	
e) You:	…	2 pts
Alannah:	You need your camera, some suntan lotion and warm clothes because it is rather fresh in the morning.	
f) You:	…	2 pts
Vater:	Wie lange dauert die Safari und welche Tiere kann man so früh schon sehen?	
g) You:	…	2 pts
Alannah:	You will be back by 9 o'clock. If you are lucky, elephants, leopards and lions might have crossed your way.	
h) You:	…	2 pts
Mutter:	Bedanke dich bitte und sage ihr, dass wir uns schon auf die Safari morgen früh freuen.	
i) You:	…	2 pts

2. Translate the text into German.	12 pts

Warren always tells the visitors that they must not get out of the vehicle. They may not even stand up until he tells them it is safe. — 3 pts

"I know how to react in difficult situations," says Warren. "So it's only me who is allowed to get out of a vehicle." — 2 pts

Once, however, Warren found himself in a very dangerous situation. "I was on a hike in the bush with another ranger*", he says. "We walked into a group of lions! — 3 pts

We knew that if we tried to run, they would attack. We moved backwards very slowly – two or three steps every half an hour – so the lions knew we were no danger to them. It took hours to get away." — 4 pts

* muss nicht übersetzt werden

Lösungen

Hinweis: Bei allen Aufgaben eines WET (Written English Test) wird in den englisch geschriebenen Teilen die Rechtschreibung bewertet. Das heißt, bei Verstößen gegen die englische/amerikanische Rechtschreibung wird dir ein ganzer Punkt abgezogen, wenn der Sinn des Geschriebenen entstellt wird (z. B. bei Verwechslung von ‚than' und ‚then'); bei nicht sinnentstellenden Fehlern wird ein halber Punkt abgezogen (z. B. ‚easyly' statt ‚easily').
Für dich bedeutet das, dass du am Ende der Arbeit alles nochmals genau durchlesen musst, um solche kleinen Fehler zu vermeiden. Außerdem ist es wichtig, dass du immer zuerst die Arbeitsanweisungen liest, bevor du an deren Bearbeitung gehst.

A. Text-based tasks

***Hinweis:** Im A-Teil eines WET sollst du dich mit dem Text auseinandersetzen und verschiedene Aufgaben bearbeiten. Der Inhalt des Textes wird dich durch die ganze Arbeit begleiten, deshalb ist es ratsam, eine solche Arbeit immer von vorne nach hinten und nicht durcheinander zu bearbeiten, da du die Informationen weiter verwenden kannst.*

1. Finish the following sentences using the information from the text.	3 pts

***Hinweis:** Bei dieser Aufgabenstellung musst du den Satzanfang mit Informationen aus dem Text sinnvoll ergänzen. Oftmals kannst du auch Satzteile übernehmen, du musst aber aufpassen, dass sowohl der Satz als auch der Inhalt stimmt.*

a) … is very dangerous.
***Hinweis:** Der vorgegebene Satzanfang ist ein Gerund und kein Verb. Du musst also hier zunächst ein Verb suchen.*

b) … likes best.
or: … likes most.
or: … has chosen as his favourites.
***Hinweis:** Hier geht es in einem Relativsatz weiter, d. h. das Verb bezieht sich auf Warren und nicht auf die beiden Tiere. Und da es sich um zwei Tiere handelt, muss auch ‚favourites' im Plural stehen.*

c) … walk around on their own.
***Hinweis:** Da der Satz schon mit ‚At night' anfängt, brauchst du ‚after dark', wie es im Text steht, nicht mehr hinzufügen.*

2. Read the text and find information about a game ranger's job. You do not have to write complete sentences. (4 items)	4 pts

***Hinweis:** Hier musst du dem Text nochmals Informationen entnehmen, aber auf eine andere Art und Weise. In der Arbeitsanweisung findest du jede Menge Hinweise, was du machen musst, du hast aber auch gewisse Freiheiten. Du sollst aus dem Text vier Dinge heraussuchen, die ein Ranger tun muss. Du musst keine ganzen Sätzen schreiben.*

– takes visitors on tours through the park
– goes on game drives with visitors
– has to find animal tracks in the bush (with the help of a tracker)
– has to inform the visitors
– tells visitors about the rules / what to do
– welcomes visitors from all over the world

3. Answer the questions in complete sentences. The answers need not be in the text.	6 pts

***Hinweis:** Auch hier musst du den Text nochmals durchlesen, damit du die Fragen richtig beantworten kannst. Wenn du Stellen im Text findest, die hier passen, kannst du den Satz abschreiben, aber er muss dann zur Frage passen.*

a) No, it isn't, because the animals see the vehicles as one object.
or: Yes, it is, but only if you stand up in the vehicle. Then the animals might attack the car.
***Hinweis:** Laut Text sind hier beide Antworten möglich.*

b) They moved backwards very slowly – two or three steps every half an hour.
***Hinweis:** Du musst hier nicht die ganze Situation aus dem Text abschreiben. Diese kurze Antwort sollte auch genügen.*

c) – You shouldn't walk around on your own after dark.
– You shouldn't stand up in a car before the ranger tells you to.
– You shouldn't get out of the car.
***Hinweis:** Hier wieder aufpassen: es sind zwei Dinge gefordert.*

4. Ask questions.	6 pts

***Hinweis:** Bei der Formulierung der Fragen musst du genau überlegen, welchen Job Alannah McDonald im Krüger Nationalpark ausübt. Im Text steht nur etwas darüber, dass sie in der Lodge arbeitet. Da aber der größte Teil des Textes über Ranger geht, wären Fragen dazu auch möglich. Denke aber daran, dass du keine Frage stellen sollst, die im Text schon beantwortet ist.*

– Have you ever had any problems with visitors?
– What has your most exciting adventure been so far?
– Have you ever thought of doing a different kind of job?
– Why did you decide on this job?
– Why did you choose to become a ranger?
– What is your favourite animal?
– When did you decide to become a ranger?
– Do you have to shoot animals?
– Have you worked in a hotel before?

B. Use of language

Hinweis: *Auch der B-Teil verlangt von dir nochmals, dass du mit dem Text arbeitest.*

1. Find the opposites.	3 pts

Hinweis: *Die Zeilenangaben geben dir den Hinweis, wo im Text du diese Wörter findest. Du bist auf der sicheren Seite, wenn die von dir gefundenen Gegenteile dann auch genau in diese Stellen passen würden – auch wenn hier nichts in der Arbeitsanweisung steht.*

a) calm
or: quiet / relaxed / peaceful

b) badly
Hinweis: *Beachte hier das Adverb.*

c) the same
or: similar, identical
Hinweis: *Denke daran, dass du bei ‚the same' nicht den Artikel vergisst.*

2. Explain **two** of the following words in complete sentences.	4 pts

Hinweis: *In dieser Aufgabe musst du zwei Wörter so erklären, dass der Leser erkennt, um welches Wort es sich handelt. Das heißt, dass du das Wort nicht in deiner Erklärung verwenden solltest. Wenn du nur ein Beispiel schreibst, ist das keine Erklärung.*

a) A vehicle is a means of transport you can use to take around people or things.

b) 'To attack' is the opposite of 'to defend'.
or: 'To attack' means to use violent force or criticize strongly.

c) Rules are regulations you have to obey / to keep to.

3. Vocabulary – Grammar	10 pts

Hinweis: *In dieser Aufgabe verbinden sich Wortschatz und Grammatik. Du musst beweisen, dass du zum einen erkennst, um was es sich an dieser Stelle im Satz handelt (Nomen, Verb, Adjektiv, Adverb). Zum anderen musst du beweisen, dass du den Satz verstehst und auch die Grammatik richtig anwenden kannst (if-clauses, Zeiten, etc.).*

a) Australian
Hinweis: *Die Bedeutung an dieser Stelle ist eindeutig ‚Australier'; du könntest auch noch ‚boy' hinzufügen. Denke daran, dass alle Wörter, die sich auf ein Land beziehen, groß geschrieben werden.*

b) am working
Hinweis: *‚At the moment' kennst du als Signalwort für das present progressive, trotzdem ist es in diesem Satz auch möglich, ‚work' einzusetzen.*

c) came
Hinweis: *Hier muss das past tense stehen, da die Zeitbestimmung ‚three months ago' heißt.*

d) volunteer

e) at
Hinweis: *Wiederhole die Präpositionen, wenn du dir nicht sicher bist.*

f) beautiful
Hinweis: *Hier muss das Adjektiv eingesetzt werden. Beachte die Schreibung!*

g) best
Hinweis: *Der Artikel und der Kontext zeigen dir, dass hier der Superlativ stehen muss.*

h) lives
Hinweis: *Da es sich hier um das Leben der Leute handelt, muss ‚life' im Plural stehen. Beachte den unregelmäßigen Plural.*

i) mine
Hinweis: *Da es sich hier um das letzte Wort im Satz handelt, muss in dieser Lücke das substantivierte Personalpronomen stehen.*

j) electricity

C. Creative writing

Hinweis: *Dieser Teil eines WET ist der Teil, in dem du dein gesamtes Wissen in Englisch anwenden kannst. Hier bekommst du die meisten Punkte. Es wird nach Inhalt, Sprache und Rechtschreibung bewertet (vgl. die Bewertungskriterien am Anfang des Buches).*

1. Give your opinion.	9 pts

Hinweis: *Bei dieser Aufgabe musst du dich zu zwei Aussagen äußern und deine Meinung schreiben. Insgesamt sollst du 60 Worte schreiben, d. h. du kannst es aufteilen in 30/30 oder 20/40. Bedenke, dass, wenn du alle drei Aussagen bearbeitest, nur die zwei ersten gewertet werden, auch wenn deine dritte Äußerung die beste sein sollte. Denke auch daran, dass du zuerst eine Form der Zustimmung oder Ablehnung schreiben musst.*

Zustimmung	***Ablehnung***
Yes, that's right.	*No, that's wrong.*
Yes, I think so.	*No, I don't think so.*
Yes, I agree (with this statement).	*No, I don't agree/disagree.*
I am of the same opinion.	*I am not of the same opinion.*

Manchmal wirst du auch weder zustimmen noch ablehnen können; dann schreibst du 'That depends …', 'On the one hand …, on the other hand …', etc.

a) I think so, too. As so many tourists are driven around in cars, the countryside is in danger of being destroyed and its animals are disturbed in their natural habitat.

b) I agree with this statement. When you are in the wilderness you can see things you have never seen before and which, of course, fascinate you. But you can get into dangerous situations as well.

c) I am not of the same opinion, because girls can also do this job well. According to the text even girls are qualified rangers. Girls are often more sensitive in difficult situations than boys.

Hinweis: *In diesem zentralen Teil eines WET musst du dich zwischen zwei Aufgaben entscheiden. Bearbeite auf keinen Fall alle beide, denn es wird dann nur die erste bewertet, auch wenn die zweite viel besser geschrieben sein sollte.*
Wichtig ist auch hier, dass du die Aufgabenstellung genau liest und dir klar machst, was du tun sollst. Der Inhalt wird auch hier getrennt bewertet. Solltest du den schon nicht richtig erfasst haben, gibt es für die gesamte Aufgabe keine Punkte (vgl. die Kriterien am Anfang des Buches).
Achte auf die Zeit, in der du den Text schreibst und auf die Wortzahl.

2. a) Write a letter of application.	18 pts

Hinweis: *Bei diesem Bewerbungsschreiben fehlen wichtige Hinweise in dem Arbeitsauftrag. Aber du hast ja gelernt, wie man ein Bewerbungsschreiben schreiben soll, also musst du hier einiges ‚erfinden', z. B. wo du die Anzeige gesehen hast, an wen du schreiben sollst, etc.*
Wiederhole nochmals die Skills über ‚Writing formal and informal letters'.

Your address
April 24th, 2009[1]

The manager
Kruger National Park
South Africa[2]

Dear Sir or Madam,[3]

I saw your advertisement and want to apply for the position you offer.
I would like to be an assistant of one of your game rangers at Kruger National Park.[4]
My name is … I am a 16-year-old boy/girl of German nationality.
I have just passed my final exams at a Realschule and have some time left before I can start my training as a vet's assistant. So I think the job you offer would be a good opportunity to get some more qualifications for my future job where I will also work with animals.
And as Kruger National Park lies in South Africa it is a good chance to improve my English as well. So I can kill two birds with one stone.[5]
My hobbies are reading, travelling and especially animals. I have had work experience in a vet's surgery and even in a zoo, which was very interesting and informative for me and strengthened me in my wish to become a vet's assistant.[6]
I would be very grateful if you chose me as an assistant. I am looking forward to hearing from you soon.[7]
Yours faithfully,[8] *(190 words)*

Hinweise:

1 Bei einem Bewerbungsschreiben solltest du nie deine Adresse und das Datum vergessen.
2 Du weißt, dass du an den Krüger Nationalpark schreiben sollst, hast aber keinen Namen und Adresse. Dies ist eine Möglichkeit.
3 Da du keinen Ansprechpartner für dein Bewerbungsschreiben hast, heißt die richtige Anrede ‚Dear Sir or Madam'.
4 Den Anfang des Briefes musst du etwas allgemeiner halten, da du keine genauen Angaben hast. Du musst aber auf alle Fälle schreiben, um welche Stelle du dich bewirbst.
5 In diesem Abschnitt sollst du Angaben zu deiner Person machen, über deine Schule, bzw. den Schulabschluss schreiben und warum du den Job unbedingt haben willst.
6 Hier schreibst du über deine Hobbys, die dann aber auch im Zusammenhang mit dem Job stehen sollen, um den du dich bewirbst.

7 *Vergiss nie den Schlusssatz.*
8 *Bei einem Brief, in dem du keinen Namen eines Ansprechpartners hast, heißt die Schlussformel immer ‚Yours faithfully'.*

2. b) Write a story.	18 pts

***Hinweis:** Bei dieser Aufgabe sollst du eine Geschichte schreiben und dich in einen Elefanten hineinversetzen. Denk daran, du sollst eine Geschichte schreiben und keinen Bericht. Der Anfang der Geschichte ist vorgegeben und zählt nicht zu den zu schreibenden 120 Worten.*

My name is Bobo. I'm an elephant at Kruger National Park and have been living here for 49 years now. I am a very qualified elephant. The funny thing about me is that I actually am a female elephant, but at my birth, the rangers couldn't tell my gender and so they gave me a male name. I live in a big herd of 36 cows and 6 baby elephants.
Now I must tell you something about those silly tourists that bother us every day. Yesterday my favourite ranger, Alannah, drove the tourists round in this funny thing on four wheels that produces sounds that make us totally nervous. One of these horrible beings on two legs got up from his seat because he wanted to put us on such a sheet of paper where they can still look at us years later. One of our baby elephants, Babou, got really nervous and ran towards this stinky thing. Mamou, his mother, ran after him and tried to stop him. But she was too late. Both of them crashed into this tinbox. Because of the force of the bounce this metal thing fell over and all the things on two legs started making funny noises which scared us even more. As I am an old and intelligent elephant, I calmed my herd down and peacefully led it away from those funny beings. We don't know what happened to them but today, we haven't seen any of them so far. *(235 words)*

D. Skills and techniques

***Hinweis:** In diesem letzten Teil eines WET musst du beweisen, dass du zwischen Englisch und Deutsch vermitteln kannst. Die beiden Teile sind grundverschieden, deshalb musst du dich konzentrieren.*

1. Mediation.	15 pts

***Hinweis:** Seit diesem Jahr heißt diese Aufgabe nicht mehr ‚Interpreting', sondern ‚Mediation', weil das Dolmetschen in schriftlicher Form von dir verlangt wird und somit kein echtes Dolmetschen ist.*
Denke aber trotzdem daran, was du beim Dolmetschen beachten musst: du sollst zwischen zwei Menschen, die jeweils eine andere Sprache sprechen und sich nicht verstehen, den Inhalt des Gesagten dem anderen sinngemäß mitteilen, d. h. du musst nicht alles wortgetreu übersetzen. Pass auf, dass du immer die richtige Rolle einnimmst und nicht in der ‚Ich'-Form schreibst. In diesem Gespräch allerdings kannst du ‚wir' verwenden, da du ein Teil der Familie bist.

a) When does the safari start? (1 pt)
b) Sie beginnt um 5.45 und der Ranger wird uns um 5 Uhr wecken. (1 pt)
c) Where and when can we have breakfast? (2 pts)
d) Frühstück wird zwischen 5 und 5.30 auf der Veranda serviert. (1 pt)
e) Do we need any special equipment or clothes for the game drive? (2 pts)

f) Wir brauchen unsere Kamera, Sonnenöl und warme Kleidung, weil es am Morgen ziemlich kühl ist. (2 pts)

g) How long does the game drive take and what animals can you see so early? (2 pts)

h) Wir werden bis 9 Uhr zurück sein. Wenn wir Glück haben, werden uns vielleicht Elefanten, Leoparden und Löwen begegnet sein. (2 pts)
Hinweis: *Hier ist es sinnvoll, nicht an den englischen Worten zu kleben, sondern frei zu übertragen.*

i) Thank you very much. We are looking forward to the game drive tomorrow. (2 pts)

2. Translate the text into German.	12 pts

Hinweis: *Dies ist das genaue Gegenteil zur vorhergehenden Aufgabe. Hier musst du wortwörtlich übersetzen, d. h. jedes Wort muss übersetzt werden und du musst dann alles noch in ein gutes Deutsch bringen. Wenn es dir schwerfällt, schreibe zunächst alles wortwörtlich auf das Konzeptblatt und formuliere dann gute deutsche Sätze.*
Jedem Absatz ist eine bestimmte Punktzahl zugeordnet, die nicht überschritten werden kann, d. h. du kannst nicht mehr Punkte abgezogen bekommen als es gibt.
Einen Punkt Abzug gibt es, wenn …
- *du ein Wort falsch übersetzt,*
- *du ein Wort zwar richtig übersetzt, es aber nicht in den Zusammenhang passt,*
- *du ein Wort oder einen Ausdruck nicht übersetzt,*
- *du eine grammatikalische Form falsch überträgst,*
- *du gegen die deutsche Wortstellung verstößt.*

Ein halber Punkt wird dir abgezogen, wenn …
- *du einen Flüchtigkeitsfehler machst,*
- *du nur leicht abweichst, den Sinn aber nicht entstellst.*

Fehler in der deutschen Rechtschreibung werden in der Regel nicht berücksichtigt.

Warren sagt[1] den Besuchern immer[2], dass sie nicht aus dem Fahrzeug aussteigen dürfen[3]. Sie dürfen noch nicht einmal[4] aufstehen, bis er ihnen sagt, dass es sicher ist[5]. (3 pts)

‚Ich weiß, wie man in schwierigen Situationen reagiert[6],' sagt Warren. ‚Deshalb[7] darf nur ich aus dem Fahrzeug aussteigen[8].' (2 pts)

Einmal jedoch[9] befand[10] sich Warren selbst in einer sehr gefährlichen Situation. ‚Ich war mit einem anderen Ranger auf einem Geländemarsch im Busch[11],' sagt er. ‚Wir trafen zufällig auf eine Gruppe Löwen[12]! (3 pts)

Wir wussten, dass sie uns angreifen würden, wenn wir versuchten wegzulaufen[13]. Wir bewegten uns sehr langsam rückwärts – zwei oder drei Schritte pro halbe Stunde[14] – so dass die Löwen wussten, dass wir keine Gefahr für sie waren[15]. Es dauerte Stunden wegzukommen[16].' (4 pts)

Hinweise:

1 *‚to tell' heißt hier nicht ‚erzählen', denn das passt vom Inhalt her nicht.*
2 *‚always' = immer*
3 *‚must not' = nicht dürfen, als Verneinung von ‚may'.*
4 *‚not even' = noch nicht einmal; ‚even' = sogar*
5 *auch: ‚dass es sicher sei'.*
6 *Fragewort + Infinitiv. Kann hier auch persönlich übersetzt werden: ‚Ich weiß, wie ich in schwierigen Situationen reagieren muss.'*
7 *‚so' als Konjunktion wird mit ‚deshalb, daher' übersetzt.*
8 *Hier kannst du den Relativsatz umformen.*
9 *‚however', wenn es nachgestellt wird, heißt immer ‚jedoch'*

10 *Für ‚to find‘ ist hier die bessere Übersetzung ‚befinden‘.*
11 *Der deutsche Satzbau ist etwas anders als der englische!*
12 *‚to walk into‘ = zufällig auf etwas/jemanden treffen.*
Du kannst aber auch sagen: ‚Wir gerieten in eine Gruppe Löwen.‘
13 *Du kannst auch im Deutschen den Bedingungssatz umstellen.*
14 *auch: jede halbe Stunde*
15 *auch: darstellten/sind/seien*
16 *auch: Wir brauchten Stunden um wegzukommen.*

Blogging – the big online conversation

Bloggers tell the world about their lives, their interests and their views – and millions are joining in. Not long ago, most people did not even know what the word 'blog' meant – now there are millions of 'bloggers' all over the world.

The word 'blog' comes from 'weblog'. A blog is an online diary where people, the bloggers, write about their lives, their interests and their views. For most people, a blog is just a fun thing, a way of keeping in touch, sharing information and views. In fact, it is just a kind of big online conversation.

Bloggers can be any age, from young teenagers to old-age pensioners. Some bloggers write about their love lives or just want to keep their friends and family up to date with what they are doing. Others write about their interests: there are blogs about travelling, football, fashion, music, surfing, politics or even blogs for people who like tea. Some blogs are only made up of text, others include photos, audio and videos.

Blogging really began about ten years ago, when the first bloggers started putting lists of websites on the Internet which they had found there before and gave comments on them. The word 'weblog' was first used in 1997. The word 'blog' appeared in 1999. Now it is also a verb, 'to blog', meaning to put information on a blog. Other blog words are 'blogger', someone who creates a blog, and the 'blogosphere', which is the bloggers' community.

People like blogging because it gives them an audience. Before, only journalists could get their information and views published in print or on TV. With a blog, anyone can do it. Even if you are not technically minded – if you can use a mouse and a keyboard you can blog.

Popular blogs can get thousands of visitors and become important sources of information. In the UK the blogger Paul Staines, who calls himself Guido Fawkes (after Guy Fawkes, the man who tried to blow up the Houses of Parliament in 1605), has become famous for his political gossip. Clever politicians now use blogging as a way of keeping in touch with voters.

But for all the good that blogging brings, it also has its dangers. Youngsters often do not act wisely when they are online and give away too much of their personal information to strangers. Sometimes they even make friends with people before really knowing anything about them. Teenagers often think that a site is protected because they need a user name and a password to join chatrooms and services like ICQ. They do not realize somebody could put two and two together and figure out who they are. *(451 words)*

adapted from: Read On (1/2008), Eilers & Schünemann Verlag KG, Bremen

A. Text-based tasks

1. Decide whether the statements are right or wrong.	3 pts

a) Some people use blogging to talk about what they like.
b) There is only text in a blog.
c) The blogosphere is the place where a blogger lives.
d) Guy Fawkes was the first person who used blogging.
e) Nowadays politicians use blogging in their campaigns.
f) User names and passwords make sites safe.

2. Answer the questions in complete sentences. The answers need not be in the text.	6 pts

a) Why can blogging be interesting for old-age pensioners?
b) How did blogging start?
c) What advice would you give teenagers when they start blogging? (2 items)

3. Ask questions.	6 pts

Fred Sinclair (65) is crazy about blogging. Ask him **four** questions about it.
Use at least three different question forms.

B. Use of language

1. Find words in the text that mean more or less the same.	4 pts

a) opinions (lines 5–9)
b) a talk (lines 5–9)
c) retired people (lines 10–14)
d) well-known (lines 24–28)

2. Find the opposites.	4 pts

a) friends (line 11)
b) like (line 13)
c) often (line 29)
d) online (line 30)

3. Explain **two** of the following words in complete sentences.	4 pts

a) to share (line 8)
b) audience (line 20)
c) journalists (line 20)

4. Vocabulary – Grammar	12 pts

Read the text. Find the suitable forms of the words and write them down.

Last week there ____ a report on TV about a project showing an elderly lady ____ spent a few days together with two thirteen-year old girls.	a) be b) ?
The idea was to give different generations the ____ to learn more about each other.	c) possible
The ____ part for the old woman was to join the young people in all their school lessons and ____.	d) interesting e) active
She enjoyed ____ in a modern classroom, sometimes even in front of a computer.	f) sit
She remembered her own school days when things were quite different. Pupils ____ sit in rows ____ and write on their little chalk boards.	g) must h) quiet
When they did not behave well they ____ by their strict teachers. Thank God those days are over.	i) hit
A lot of things ____ for the better since then.	j) change
But ____ her opinion one thing is still the same:	k) ?
if you want to be ____ in life you must work hard.	l) success

C. Creative writing

1. Give your opinion.	9 pts

Choose **one** of the following statements and write about 60 words.

a) Blogging is a waste of time.
b) Computers can replace teachers.
c) Surfing on a board is better than surfing the Internet.

Choose task 2 a) *or* 2 b). Do not work on both tasks.

2. a) Write a letter of application.	18 pts

The Canadian computer firm CACOCO is looking for young Germans to join their company as trainees in their service call center.
Write your application in about 120 words. Tell them about your language skills, your qualifications, interests, etc.

Contact: Sue Brown, 22 Main Street, Toronto ON M4E 2V4, Canada

2. b) Write a story.	18 pts

Write a fantasy story in about 120 words. Start like this:

My time machine took me to the year …

D. Skills and techniques

1. Translate the text into German.	12 pts

On the one hand blogging* is a good thing, but it also has its dangers. 2 pts

Youngsters often do not act wisely when they are online* and give away too much of their personal information to strangers. 2 pts

Sometimes they even make friends with people before really knowing anything about them. 2 pts

Young people often think that a site is protected because they need a user name and password. 2 pts

They do not realize that somebody could put two and two together and find out who they are. 2 pts

So always remember to be careful when using the Internet. 2 pts

* muss nicht übersetzt werden

2 Mediation	12 pts

Nächsten Sommer wirst du mit deiner Familie Tante Tina in Las Vegas besuchen. Ihr möchtet den Grand Canyon sehen. Du entdeckst im Internet das folgende Angebot für eine Tour und beantwortest die Fragen deiner Mutter auf Deutsch.

a) Welche Highlights bietet die Tour? (4 Angaben) 2 pts

b) Was kostet die gesamte Tour pro Person wenn man über das Internet bucht? 1 pt

c) Fallen noch zusätzliche Kosten für die Anfahrt vom Hotel an? 1 pt

d) Wann beginnt die Tour und wie lange dauert sie? 1 pt

e) Darf man auf dem Skywalk fotografieren? 1 pt

f) Was müssen wir wegen der Hitze beachten? (2 Angaben) 2 pts

g) Wie sieht es mit Essen und Trinken aus? 1 pt

h) Müssen wir mit Wartezeiten rechnen? 1 pt

i) Wir kommen am Sonntag an. Können wir die Tour gleich montags machen? 1 pt

j) Kann meine Schwester Tina ihr Baby auf die Tour mitnehmen? 1 pt

"Walk Above The Grand Canyon & Cruise Along The Colorado River"

	Adult	Child
List Price	$ 399.99 USD	$ 399.99 USD
Lowest Price	**$ 379.99 USD**	**$ 379.99 USD**

Explore the Grand Canyon West Rim & the brand new Skywalk! Stop at the mighty Hoover Dam, take a helicopter flight from the rim of the Grand Canyon, land near the Colorado River for a relaxing pontoon boat tour, then enjoy the Grand Canyon Skywalk with your guaranteed Skywalk Pass.
Roundtrip Las Vegas hotel transportation included.
THERE IS A 2-PERSON MINIMUM TO BOOK THIS TOUR.

Guarantee: Lowest price online or list price at your destination. No hidden extras. You will not find a lower price anywhere else!

Information
Operates: Daily
Location: Las Vegas
Region: Nevada
Duration: 10 hours approximately

Time:
Tour departs at 7:00 a.m.

Starts:
Free pickup from your Las Vegas hotel at approximately 7:00 a.m.

Ends:
Return to your Las Vegas hotel at approximately 5:00 p.m.

Child Policy
Children must be at least 5 years old to participate.

Meals
Lunch at the West Rim included.

Summer/ Fall:
In warm weather, dress light, wear sunblock and comfortable shoes.

Winter/ Spring:
In cool weather, wear layered clothing to ensure comfort.

© Daivaluk / Dreamstime.com

Owing to the immense popularity of the Grand Canyon Skywalk, here are some suggestions to help you make the most of your day at the West Rim of the Grand Canyon:

- **Please be prepared to stand in line. Waits of an hour or more are common.**
- **All belongings, including cameras, must be put into a locker and cannot be brought onto the Skywalk. Lockers are available for $ 1.00 USD & $ 2.00 USD.**
- **Bring bottled water. They don't sell it yet at the site.**
- **Wear sunscreen and comfortable shoes.**
- **Bring a hat!**

Please remember this is still the desert and temperatures can get as high 120°F (48° C) in the middle of July.

adapted from www.alllasvegastours.com

Lösungen

__Hinweis:__ Bei der Bearbeitung einer Arbeit mit unterschiedlichen Aufgaben musst du verschiedene Dinge beachten. Da die Rechtschreibung in allen Teilen bewertet wird, solltest du am Ende deine Lösungen noch einmal in Ruhe durchlesen und sorgfältig korrigieren. Bei sinnentstellenden Fehlern (z. B. bei Verwechslung von ‚than' und ‚then') wird ein ganzer Punkt, bei nicht sinnentstellenden Fehlern (‚easyly' statt ‚easily') ein halber Punkt abgezogen. Vermeide deshalb eine Anhäufung von Leichtsinnsfehlern, denn sie können negative Auswirkungen auf deine Note haben.
Außerdem ist es wichtig, dass du immer zuerst die Arbeitsanweisung liest, bevor du an die Bearbeitung einer Aufgabe gehst. So vermeidest du, dass du wichtige Punkte übersiehst.

A. Text-based tasks

__Hinweis:__ Dieser Teil der Arbeit enthält Aufgaben, in denen du dich intensiv mit dem Text auseinandersetzen musst. Es gibt verschiedene Aufgabenformen, für deren Bearbeitung es notwendig ist, dass du den Text weitere Male liest. Da sich das Thema des Textes durch die gesamte Arbeit zieht, ist es ratsam, die Aufgaben von vorne nach hinten zu bearbeiten, da du die Informationen weiter verwenden kannst.

1. Decide whether the statements are right or wrong.	3 pts

__Hinweis:__ In dieser Aufgabe sollst du feststellen, ob die vorgegebenen Aussagen richtig oder falsch sind. Dazu musst du den Text genau lesen, da die Sätze natürlich nicht wortwörtlich im Text zu finden sind. Es wird jedoch nicht von dir verlangt, dass du die falschen Aussagen verbesserst.
Obwohl du für ‚right' und ‚wrong' auch die Begriffe ‚true' und ‚false' kennst, solltest du bei den beiden vorgegebenen Begriffen bleiben. Du kannst allerdings auch ‚r' und ‚w' schreiben.

a) right
__Hinweis:__ Die Information findest du im Text in den Zeilen 5 bis 7: "A blog is an online diary where people, the bloggers, write about their lives, their interests and their views."

b) wrong
__Hinweis:__ Dies steht im Text in den Zeilen 13 und 14: "Some blogs are only made up of text, others include photos, audio and videos."

c) wrong
__Hinweis:__ Diese Information findest du in Zeile 19: "blogger's community" (= Gemeinschaft)

d) wrong
__Hinweis:__ In den Zeilen 25 und 26 erfährst du, wer Guy Fawkes war: "Guy Fawkes, the man who tried to blow up the Houses of Parliament in 1605"

e) right
__Hinweis:__ Die relevanten Informationen findest du in den Zeilen 27 und 28: "Clever politicians now use blogging as a way of keeping in touch with voters."

f) wrong
__Hinweis:__ Dies bezieht sich auf die Zeilen 32 bis 34: "Teenagers often think that a site is protected because they need a user name and a password […] They do not realize somebody could put two and two together and figure out who they are."

2. Answer the questions in complete sentences. The answers need not be in the text. 6 pts

***Hinweis:** Für die Bearbeitung dieser Aufgabe solltest du den Text noch einmal lesen, denn er enthält wichtige Informationen, die du in deinen Antworten verwenden kannst. Lies also zuerst die Fragestellungen und dann den Text aufmerksam durch, auch wenn in der Arbeitsanweisung steht, dass die Antworten nicht unbedingt im Text zu finden sind.*

a) Old-age pensioners can stay in touch with their family and friends, and they can get all kinds of information.
***Hinweis:** Die Antwort findest du nicht wortwörtlich im Text. In den Zeilen 10 bis 14 erfährst du jedoch, dass ‚blogger' jeden Alters sein können und aus welchen Gründen ‚blogger' in der ‚blogosphere' aktiv sind. Diese Gründe lassen sich auch auf die ‚old-age pensioners' in der Frage anwenden.*
Auf eine Frage mit ‚Why' musst du nicht unbedingt mit ‚Because' antworten.

b) Ten years ago the first bloggers started putting lists of websites on the Internet which they had found there and gave comments on them. / It started when the first bloggers began putting lists …
***Hinweis:** Das Fragewort heißt hier ‚how', nicht ‚when', deshalb muss die Zeitangabe ‚ten years ago' nicht unbedingt in deiner Antwort enthalten sein.*

c) They should first make their blogs safe and should not give too much about themselves away.
***Hinweis:** Bei dieser Frage kannst du auch eine andere Antwort formulieren, aber die beiden Informationen, die hier verlangt werden, findest du auch im Text.*

3. Ask questions. 6 pts

***Hinweis:** In dieser Aufgabe geht es darum, dass du einem ‚old-age pensioner' vier Fragen zu Blogging stellen sollst. Das bedeutet, du kannst ihn nicht fragen, wie alt er ist oder woher er kommt.*

- When did you start blogging?
- What do you write in your blog?
- Why are you crazy about blogging?
- Do many people your age blog?
- What do you tell the world about your personal life?
- Is it difficult to put photos in your blog?
- Why do you blog?

B. Use of language

***Hinweis:** Auch im B-Teil musst du nochmals mit dem Text arbeiten.*

1. Find words in the text that mean more or less the same. 4 pts

***Hinweis:** Durch die Zeilenangaben in dieser Aufgabe wird dir das Finden der gesuchten Wörter mit mehr oder weniger gleicher Bedeutung erleichtert.*

a) views
***Hinweis** Da in der Aufgabe das Wort im Plural steht, muss auch das zu findende Wort im Plural stehen.*

b) a conversation
Hinweis: *Hier kannst du den unbestimmten Artikel ‚a' auch weglassen.*

c) pensioners
Hinweis: *Hier muss wieder der Plural stehen.*

d) famous
Hinweis: *In diesen Zeilen scheinen auf den ersten Blick zwei mögliche Synonyme zu stehen. ‚Popular' heißt jedoch ‚beliebt' und nicht ‚berühmt'. ‚Well-known' bedeutet ‚bekannt' oder ‚berühmt'.*

2. Find the opposites.	4 pts

Hinweis: *Bei dieser Aufgabe musst du aufpassen. Hier sind auch wieder Zeilenangaben vorgegeben. Deshalb muss das Gegenteil der angegebenen Wörter auch zu diesen Textstellen passen.*

a) enemies
or: rivals, opponents

b) dislike
or: hate

c) sometimes
or: seldom, rarely, never

d) off-line

3. Explain **two** of the following words in complete sentences.	4 pts

Hinweis: *Bei dieser Aufgabe ist es wichtig, dass du zwei Wörter so erklärst, dass jeder Leser daraus erkennen kann, was du meinst. Das bedeutet auch, dass du das zu erklärende Wort oder ein Wort der Wortfamilie nicht verwenden solltest. Für Erklärungen gibt es verschiedene Möglichkeiten.*

a) 'To share' means that one person allows someone else to use or enjoy something he/she owns.

b) An audience is a group of people listening to or watching a performance.

c) Journalists are people who write articles for newspapers.
Hinweis: *Denk daran, dass dies ein Wort im Plural ist und du dies in deiner Erklärung berücksichtigen musst.*

4. Vocabulary – Grammar	12 pts

Hinweis: *In dieser Aufgabe ist deine Fähigkeit gefragt, Wortschatz und Grammatik richtig anzuwenden. Du musst erkennen, um welche Wortart es sich bei dem einzusetzenden Wort handelt (Nomen, Verb, Adjektiv, Adverb etc.) und wenn es sich um ein Verb handelt, in welcher Zeit du das Verb einsetzen musst.*
Um die richtigen Wörter bei den beiden Fragezeichen zu finden, kann es hilfreich sein, wenn du die Sätze übersetzt. Dann kannst du entscheiden, welche Wortart und welches Wort hier fehlen. Einmal ist es ein Relativpronomen (b), einmal eine Präposition (k).

a) was
Hinweis: *Das Verb muss in der Vergangenheit (simple past) stehen, da es sich um ‚last week' handelt.*

b) who
or: that
Hinweis: *Hier fehlt das Relativpronomen. Es kann nur ‚who' oder ‚that' eingesetzt werden, da sich das Pronomen auf eine Person bezieht.*

c) possibility
Hinweis: *Dass hier das Nomen fehlt, siehst du am bestimmten Artikel vor der Lücke.*

d) most interesting
or: interesting
Hinweis: *An dieser Stelle ist das gesteigerte Adjektiv besser, allerdings ist auch die Grundform möglich.*

e) activities
Hinweis: *Hier musst du das Nomen in den Plural setzen. Denke außerdem daran, dass im Plural aus dem ‚-y' ein ‚-ies' wird.*

f) sitting
Hinweis: *Nach ‚enjoy' steht immer das Gerund!*

g) had to
Hinweis: *Das Verb muss im simple past stehen, da sich der Text auf die Vergangenheit bezieht. Da ‚must' nur im present tense verwendet werden kann, musst du auf die Ersatzform ‚had to' zurückgreifen.*

h) quietly
Hinweis: *Hier muss das Adverb stehen, da es sich auf das Verb bezieht.*

i) were hit
Hinweis: *Das Verb steht hier im Passiv, worauf auch der ‚by-agent' hinter der Lücke hinweist.*

j) have changed
Hinweis: *Wegen des Signalwortes ‚since then' muss dieser Satz im present perfect stehen.*

k) in
or: according to
Hinweis: *‚Ihrer Meinung nach' heißt ‚in her opinion'.*

l) successful
or: more successful
or: most successful
Hinweis: *Dem Inhalt nach sind hier alle drei Formen des Adjektivs möglich.*

C. Creative writing

Hinweis: In diesem Teil eines WET musst du zeigen, dass du dich auf Englisch richtig ausdrücken kannst. Du musst die richtigen Worte finden und Texte grammatikalisch korrekt formulieren. Hier wird nicht nur nach Fehlern bewertet, sondern nach Inhalt und Sprache, wobei auch die Rechtschreibung Beachtung findet (vgl. die Bewertungskriterien in der Einleitung des Buches).

1. Give your opinion.	9 pts

Hinweis: Ab diesem Jahr gibt es eine Änderung in diesem Teil: du musst dich nur noch zu einer Aussage äußern, dafür aber auch 60 Worte schreiben. Solltest du zwei oder alle drei Aussagen bearbeiten, wird nur die erste bewertet. Denke auch daran, dass du bei dieser Aufgabe zunächst eine Form der Zustimmung oder der Ablehnung schreiben sollst.

Zustimmung	***Ablehnung***
Yes, that's right.	*No, that's wrong.*
I think so.	*I don't think so.*
I agree (with this statement).	*I don't agree / I disagree.*
I am of the same opinion.	*I am not of the same opinion.*

Wenn du dich nicht entscheiden kannst und es ‚sowohl – als auch' heißen könnte, kannst du auch schreiben ‚That depends …', ‚On the one hand …, on the other hand', etc.

a) I agree in general. I don't think it is good to write about your life so that everybody can read about it and find out lots of personal details easily. It can even be dangerous to give a lot of information about yourself to all kinds of people.
On the other hand you can get useful information on the Internet and communicate with other people. However, I think it is better to go out and meet people in reality. *(79 words)*

b) No, I don't think so. Computers can never replace teachers. There is a big difference if you work with a computer or a teacher. A teacher can help you and give you some advice. A computer cannot solve your problems. It can only do what it was programmed to do. Students normally learn better with real teachers. In addition the atmosphere in the classroom is much better with people in it. *(71 words)*

c) That depends on the situation. On the one hand it is right. Surfing on a board is lots of fun and a great sport – for people who like the water and the waves. You are outside and do something for your health, but it can also be dangerous if you are not very skilled.
On the other hand surfing the Internet is often necessary when you need some special information. However, you shouldn't spend too much time in front of the computer, because that may be bad for your health. *(90 words)*

Hinweis: *In diesem zentralen Teil eines WET musst du dich zwischen zwei Aufgaben entscheiden. Solltest du beide bearbeiten, wird nur die erste Aufgabe gewertet, auch wenn die zweite sprachlich und inhaltlich besser sein sollte.*
Bevor du beginnst, lies dir die Aufgabenstellung genau durch. Wenn du den Inhalt nicht richtig erfasst, zählt die gesamte Aufgabe 0 Punkte.
Achte auch immer auf die Zeit, in der du den Text schreibst.

2. a) Write a letter of application.	18 pts

Hinweis: *Lies genau die Situation durch, bevor du die Bewerbung schreibst. Die Firma sucht Auszubildende und stellt einige Anforderungen, an die du dich halten solltest.*
Bei diesem Bewerbungsschreiben ist die Kontaktadresse angegeben. Folglich wird hier von dir ein vollständiges Bewerbungsschreiben verlangt, d.h. auch deine Adresse.

Your address
April 23rd, 2010[1]

CACOCO[2]
Sue Brown
22 Main Street,
Toronto ON M4E 2V4
Canada

Dear Ms Brown[3],

I read your advertisement on the Internet[4] and I am very interested in the position you are offering. I would like to work for you as a trainee in your service call center.[5]
My name is … I am … years old and am doing my final exams at a Realschule in the south of Germany at the moment. I have been learning English for six years now, but I am not fluent yet. Other subjects I like very much are Mathematics and Science and everything to do with computers. We often used the computer in different ways in the lessons and regularly had to prepare Power Point presentations.[6]
The job you are offering would give me the opportunity to improve my English and use my computer skills I learned at school, as well as get to know another country and work together with other people, which I like very much.
During the time at school I had many work experiences in various companies and fields of work. The jobs where I had to deal with people were the most interesting ones, and I often had to answer the telephone, too.[7]
I would be very pleased if you considered me as a trainee.
I am looking forward to hearing from you. [8]

Yours sincerely,[9] *(215 words)*

Hinweise:
1. *Vergiss bei einem Bewerbungsschreiben nie deine Adresse und das Datum.*
2. *In der Angabe wird die Firma genannt, bei der du dich bewirbst, also musst du sie im Anschreiben nennen.*
3. *Die Kontaktperson ist bekannt, also beginnst du deinen Brief mit dem Namen. Du kannst in diesem Fall auch ‚Mrs' schreiben.*
4. *Da sich der Lesetext um das Internet dreht, kannst du hier annehmen, dass du die Anzeige auch dort gelesen hast.*
5. *Im ersten Abschnitt schreibst du, wo du die Anzeige gefunden hast und um welche Stelle du dich bewirbst.*
6. *In diesem Abschnitt schreibst du etwas über dich und deine Schulbildung.*

7 *Hier beziehst du dich dann auf die Anzeige und erklärst, was du kannst, warum du diesen Job willst und dafür geeignet bist.*
8 *Denke an einen Schlusssatz.*
9 *Da du eine Ansprechpartnerin in der Firma hast, schreibst du am Ende ‚Yours sincerely' = ‚Mit freundlichen Grüßen'.*

2. b) Write a story.	18 pts

***Hinweis:** Hier sollst du eine Fantasiegeschichte schreiben, in der dich eine Zeitmaschine entweder in die Vergangenheit oder die Zukunft versetzt. Lass deiner Fantasie freien Lauf. Achte jedoch darauf, dass deine Geschichte stimmig ist.*

My time machine took me to the year 1492. I was on a ship called 'Santa Maria' and was one of the sailors who were on their way to India. Our captain was called Christopher Columbus, a man from Genova employed by the Spanish King and Queen.
It was a very funny situation, because none of us really believed in Columbus' theory that he would find the way to India when he sailed to the west, but most of us were in it for the adventure.
After three weeks on the water without seeing land, we didn't have much food left. Many of us were ill and didn't want to go on, but Columbus was very confident and encouraged us to see it through.
Finally we were rewarded: after a long journey we arrived on an island. The islanders welcomed us heartily and served us the most delicious fruit.
Suddenly I heard a loud voice calling my name! It was my mother who woke me up – I had dreamed the whole story, but it had felt so real. *(178 words)*

D. Skills and techniques

***Hinweis:** In diesem Teil musst du beweisen, dass du zwischen Deutsch und Englisch vermitteln kannst. Die beiden Teile sind sehr unterschiedlich, deshalb musst du dich konzentrieren.*

1. Translate the text into German.	12 pts

***Hinweis:** Im ersten Teil musst du einen Teil des Ausgangstextes ins Deutsche übersetzen, d. h. jedes Wort muss übersetzt sein und du musst den Text in gutem Deutsch schreiben. Wenn dir dies schwerfällt, übersetze alles erst auf dein Konzeptblatt und formuliere dann gute deutsche Sätze.*
Jedem Absatz ist eine bestimmte Punktzahl zugeordnet, die nicht überschritten werden kann, d.h. du kannst nicht mehr Punkte abgezogen bekommen, als es gibt.
Einen Punkt Abzug gibt es, wenn …
- *du ein Wort falsch übersetzt,*
- *du ein Wort zwar richtig übersetzt, es aber nicht in den Zusammenhang passt,*
- *du ein Wort oder einen Ausdruck nicht übersetzt,*
- *du eine grammatikalische Form falsch überträgst,*
- *du gegen die deutsche Wortstellung verstößt.*

Ein halber Punkt wird dir abgezogen, wenn …
- *du einen Flüchtigkeitsfehler machst,*
- *du nur leicht abweichst, den Sinn aber nicht entstellst.*

Fehler in der deutschen Rechtschreibung werden in der Regel nicht berücksichtigt.

Einerseits[1] ist Blogging etwas Gutes[2], aber es ist auch gefährlich[3]. (2 pts)

Jugendliche handeln oft nicht klug, wenn sie online sind, und geben zu viele persönliche Informationen[4] an Fremde preis[5]. (2 pts)

Manchmal schließen sie sogar Freundschaften[6] mit Leuten, bevor sie wirklich etwas über sie wissen[7]. (2 pts)

Junge Menschen glauben oft, dass eine Seite[8] geschützt[9] ist, weil sie (einen)[10] Benutzernamen und (ein)[10] Passwort brauchen. (2 pts)

Sie erkennen[11] nicht, dass jemand zwei und zwei zusammenzählen und herausfinden könnte[12], wer sie sind. (2 pts)

Deshalb[13] denke[14] immer daran, vorsichtig zu sein, wenn du[15] das Internet benutzt. (2 pts)

Hinweise:

1 on the one hand = einerseits (on the other hand = andererseits)
2 ‚a good thing' übersetzt du am besten mit ‚etwas Gutes'.
3 ‚it also has its dangers' = es ist auch gefährlich
4 Im Englischen gibt es ‚information' nur im Singular, im Deutschen steht jedoch häufig der Plural.
5 Die Informationen kann man auch ‚weitergeben'.
6 ‚to make friends' = Freundschaften schließen
7 Hier musst du das Gerund auflösen und zu einem Nebensatz machen.
8 ‚site' kann man auch mit ‚Internetseite' übersetzen.
9 auch: gesichert
10 Im Deutschen muss hier nicht unbedingt der unbestimmte Artikel stehen.
11 ‚to realize' auch: feststellen, merken, aber nicht: bemerken
12 ‚könnte' bezieht sich hier auf beide Verben, deshalb steht es hinter dem zweiten Verb.
13 ‚So' = ‚deshalb' oder ‚also', aber nicht: ‚so'
14 ‚to remember to do s.th.' = daran denken, etwas zu tun
15 Du kannst anstelle der 2. Person Singular (‚du') auch die 2. Person Plural (‚ihr') verwenden. Denke aber daran, dass du die Pluralform dann im ganzen Satz gebrauchen musst (‚Deshalb denkt daran … wenn ihr … benutzt').

2. Mediation. 12 pts

***Hinweis:** In diesem Teil geht es darum, jemandem, der nicht so gut Englisch spricht, Fragen zu einer Anzeige über den Grand Canyon auf Deutsch zu beantworten. Eine Mediation ist keine Übersetzung! Hier geht es darum, die relevanten Informationen in der Anzeige zu finden und die Fragen inhaltlich richtig zu beantworten.*
Wie in einem Gespräch musst du hier keine ganzen Sätze schreiben; es genügt oft nur ein Wort.

a) den Skywalk, Hoover Damm, einen Helikopterflug und eine Bootstour auf dem Colorado (2 pts)
***Hinweis:** Hier musst du nur die vier Highlights nennen.*

b) $ 379.99 (USD) (1 pt)
***Hinweis:** Es müssen nicht beide Währungsbezeichnungen genannt werden.*

c) Nein (1 pt)
***Hinweis:** Es genügt hier ein ‚nein' als Antwort, ohne zusätzliche Erklärungen.*

d) Die Tour beginnt um 7 Uhr und dauert 10 Stunden. (1 pt)
***Hinweis:** Die Frage beinhaltet sowohl den Beginn als auch die Dauer. Du kannst aber auch schreiben ‚von 7 Uhr morgens bis 5 Uhr nachmittags'.*

e) Nein (1 pt)
Hinweis: *Fotoapparate und weitere persönliche Gegenstände müssen eingesperrt und dürfen nicht mit auf den Skywalk genommen werden.*

f) Wir sollen leichte Kleidung und bequeme Schuhe anziehen, Sonnenschutz und eine Kopfbedeckung mitnehmen. (2 pts)

g) Für das Mittagessen ist gesorgt, aber wir müssen Wasser mitnehmen. (1 pt)

h) Ja (1 pt)
Hinweis: *In der Anzeige wird darauf hingewiesen, dass mit Wartezeiten von mindestens einer Stunde zu rechnen ist.*

i) Ja (1 pt)
Hinweis: *Da die Tour täglich angeboten wird, ist es möglich, den Ausflug gleich am nächsten Tag zu machen.*

j) Nein (1 pt)
Hinweis: *Kinder müssen mindestens fünf Jahre alt sein, um an der Tour teilnehmen zu können.*
Der Punktzahl nach wird bei den letzten Fragen nur ‚ja' oder ‚nein' verlangt.

When you cannot choose

© Rixie / Dreamstime.com

One day, you are going to meet someone special, fall in love – and probably you will get married. Right? So how would you feel if your parents told you that you had to spend the rest of your life with a complete stranger?

Varun and Sabia did not love each other. They hardly even knew each other when they got married in their hometown of Bangalore, in southern India, last May. They had met just a few times before their families decided that Varun, 24, and Sabia, 22, should spend the rest of their lives together. It may sound old-fashioned, but arranged marriages are still common in India. "Each day, we talk to each other and learn more about each other," says Varun. "We've just started our life together, so we have a long way to go. Love takes time."

In India, the law says girls may get married at the age of 18, while boys must be 21. However, many people get married at a much younger age, especially in rural[1] areas. The families choose a suitable partner – based on criteria such as age, height, moral values, family background, social status and horoscopes. A lot of Indian people believe in destiny[2] and use astrology to decide whether two people are right for each other. They look at the birth date, birth time and birth place of the boy and girl. Then they look at things like the future and also at the personal and professional life. If everything matches, the marriage can take place. A majority of Indian marriages are arranged and only 1.1 per cent end in divorce.

However, love marriages, in which two people meet and fall in love before deciding to get married, are becoming more popular. Today, Varun says he is happy that his family helped him find Sabia. But as a teen, he did not think arranged marriages were a good idea. "I dreamed of love marriage, but I realized that if I married the wrong girl, my family wouldn't help us if we needed money, didn't have a job or in any other difficult situation," he says.

Now Varun and Sabia live together with Varun's parents and sister in Bangalore and Sabia says that she is happy with her new life. "The family I have now is a lot like the family I come from," she says. Before her marriage Sabia trained successfully as a fashion designer and she enjoyed her job very much. Perhaps she may work as a fashion designer in the future, but for now she is still learning to be a good housewife. "I can cook very well, so that's not something I have to learn. But I can't cook as well as Varun's mum does. I'm still working on that." *(470 words)*

Adapted from 'Spot On' 10/2009, Spotlight Verlag GmbH, www.spoton.de

1 rural – ländlich
2 destiny – Schicksal

A. Text-based tasks

1. Decide whether the statements are right or wrong.	3 pts

a) Varun and Sabia had never met before their parents arranged their marriage.
b) In India many girls get married at a younger age than 18.
c) A lot of Indian people believe that astrology is important to decide if two people are right for each other.
d) Nowadays there are more love marriages than arranged marriages in India.
e) When he was young Varun did not want an arranged marriage.
f) Sabia is working as a fashion designer.

2. Finish the following sentences using the information from the text.	4 pts

a) People like you get married when …
b) Varun and Sabia got married before …
c) Only few arranged marriages …
d) Bangalore is the place …

3. Answer the questions in complete sentences.	6 pts

a) What do Indian parents look out for when they arrange a marriage for their son or daughter? (4 items)
b) Why are arranged marriages still popular?
c) In what way has Sabia's life changed since she got married? (2 items)

4. Match four of the persons to the corresponding statements (a–d). (One does not fit.)	4 pts

a) "Our parents should decide who we marry. Just the way it has always been in our country's history."
b) "I want to stay single and become a doctor."
c) "First you introduce the person you'd like to marry to your parents and if they accept this person, they can arrange the marriage."
d) "If I meet somebody, I can decide for myself what this person's like and whether this person can look after me."

Anitha, 16, suggests combining love marriage with an arranged marriage.
David, 18, thinks that arranged marriages are an important part of India's culture.
Sawita, 16, wants her parents to look after her.
Gavitha, 17, doesn't care about marriage.
Kanchana, 15, wants somebody who cares for her.

5. Ask questions.	6 pts

Imagine you meet Varun and Sabia when they have been married for five years. Ask them **four** questions about their life as a couple.
Use at least three different question forms.

B. Use of language

1. Find words in the text that mean more or less the same.	3 pts

a) total (lines 1–4)
b) usual (lines 5–12)
c) fits together (lines 13–21)

2. Explain **two** of the following words in complete sentences.	4 pts

a) to get married (line 6)
b) hometown (line 6)
c) old-fashioned (line 10)

3. Vocabulary – Grammar	10 pts

Read the text. Find the suitable forms of the words and write them down.

In Babar Ali's village in the Indian state of West Bengal, few	
_________ can afford to send their children to school. So when	a) family
the 16-year-old Babar Ali leaves school every day, he rushes	
back home – where he transforms from pupil to __________.	b) teach
"It's my duty to educate kids in my village and help our country	
build a better future," Babar Ali _______ the BBC last week. At	c) tell
the sound of a bell, about 800 pupils run into his backyard _____	d) ?
he and nine other 'teachers' explain what they were taught _____	e) by/from/of
their teachers at school that day.	
One of the girls Babar Ali teaches is 14-year-old Chumki Hajra.	
She wants to become a nurse, but she can't go to school.	
"My father is handicapped," she says. "If I _______, my family's	f) not work
_________ is in danger." But every afternoon, Chumki ________	g) survive h) go
to Babar Ali's backyard before _______ to work in the evenings.	i) return
Babar Ali is, of course, a local hero. "Without my school, many	
kids wouldn't even be able to get any ___________," he says.	j) educate

Adapted from 'Spot On' 1/2010, Spotlight Verlag GmbH, www.spoton.de

C. Creative writing

1. Give your opinion.	9 pts

Choose **one** of the following statements and write about 60 words.
a) Girls and boys should not be taught together in certain subjects.
b) In the working world staying single is better than getting married.
c) Family is more important than friends.

Choose task 2 a) *<u>or</u>* 2 b). Do <u>not</u> work on both tasks.

2. a) Write a letter of complaint.	18 pts

Your last holiday was the worst you have ever had. Write a letter of about 120 words to the travel agent at *Sunshine Tours, 7 Wall Street, Manchester NH 03101, England.*

2. b) Write a story.	18 pts

Your school magazine is doing a competition of stories written in English. The rules say that the story must end with the following words:

"... After that I changed my mind and agreed with my best friend's idea."

Write about 120 words.

D. Skills and techniques

1. Mediation	15 pts

Your English penfriend Kanchana has come to stay with you and your family in Germany. Kanchana's parents are from India, but Kanchana was born in England. Your parents want to find out about Kanchana's family life. As their English is not very good you must help them.

Mutter: Warum sind ihre Eltern nach England gegangen?

a) You: ______________________ 1 pt

Kanchana: Because my father was offered a good job and a lot of our relatives lived there.

b) You: ______________________ 2 pts

Vater: War es für ihre Eltern schwierig sich an das Leben in England zu gewöhnen?

c) You: ______________________ 2 pts

Kanchana: Well not really, because they still keep some of their Indian traditions. But they also have made friends with English families.

d) You: ______________________ 2 pts

Mutter: Und was findet sie besser? Die englische oder die indische Lebensweise?

e) You: ______________________ 2 pts

Kanchana: I like them both.

f) You: ______________________ 1 pt

Mutter: Könnte sie sich vorstellen irgendwann einmal in Indien zu leben?

g) You: ______________________ 2 pts

Kanchana: Well, I'd love to get to know the country better, but as I don't know much about local customs it would be quite difficult to get along with people in rural areas.

h) You: ______________________ 3 pts

2. Translate the text into German.	8 pts

In India girls must be 18 and boys 21 before they get married. 1 pt

However, there are many places in rural India where tradition is stronger than the law. 2 pts

This means that many families still arrange marriages for children – especially for daughters. 2 pts

Poverty also plays a role in child marriage. 1 pt

When a girl is married, her husband or his family must support her – meaning her family no longer has to. 2 pts

Lösungen

Hinweis: Der WET erfordert von dir große Flexibilität, da er sehr viele verschiedene Aufgabentypen enthält. Bei der Bearbeitung der Aufgaben ist es wichtig, dass du bestimmte Dinge immer beachtest: Da die Rechtschreibung in allen Teilen bewertet wird, musst du am Ende deine Texte nochmals durchlesen und sorgfältig korrigieren. Bei sinnentstellenden Fehlern (z. B. bei Verwechslung von ‚their' und ‚there') wird ein ganzer Punkt, bei nicht sinnentstellenden Fehlern (‚funnyly' statt ‚funnily') wird ein halber Punkt abgezogen. Du darfst also nicht allzu viele Leichtsinnsfehler machen, denn das würde sich auf die Note negativ auswirken. Außerdem ist es sehr wichtig, dass du immer erst die Arbeitsanweisungen liest, bevor du an eine Aufgabe herangehst, damit du weißt, was von dir erwartet wird.

A. Text-based tasks

Hinweis: In diesem Prüfungsteil findest du Aufgaben, die sich auf den Lesetext ‚When you cannot choose' beziehen. Du musst dich also intensiv mit dem Text und seinem Inhalt auseinandersetzen. Das bedeutet, dass du den Text noch ein paar Mal lesen musst, um die verschiedenen Aufgaben lösen zu können.

1. Decide whether the statements are right or wrong. 3 pts

Hinweis: In dieser Aufgabe musst du dich entscheiden, ob die Aussagen zum Text richtig oder falsch sind. Da die Sätze nicht wortwörtlich im Text stehen, musst du genau lesen. Allerdings brauchst du die falschen Aussagen nicht zu verbessern, da das nicht in der Arbeitsanweisung steht.
Obwohl in der Anweisung ‚right' und ‚wrong' steht, kannst du natürlich auch ‚r' oder ‚w' schreiben.

a) wrong
Hinweis: Die relevanten Informationen findest du in Zeile 7 bis 9 im Text: "They had met just a few times before their families decided that Varun, 24, and Sabia, 22, should spend the rest of their lives together."

b) right
Hinweis: In Zeile 14 steht: "many people get married at a much younger age, especially in rural areas."

c) right
Hinweis: Die Zeilen 16 und 17 sind die Grundlage für die richtige Aussage: "A lot of Indian people believe in destiny and use astrology to decide whether two people are right for each other."

d) wrong
Hinweis: Die entsprechende Information findest du in den Zeilen 20 und 21:
"A majority of Indian marriages are arranged and only 1.1 per cent end in divorce."

e) right
Hinweis: In Zeile 25 sagt Varun: "I dreamed of love marriage, …"

f) wrong
Hinweis: Die Antwort findest du in den Zeilen 30 bis 32: "Before her marriage Sabia trained successfully as a fashion designer … Perhaps she may work as a fashion designer in the future, but for now she is still learning to be a good housewife."

2. Finish the following sentences using the information from the text.	4 pts

Hinweis: *Du musst nun den Text erneut lesen, damit du die Satzanfänge inhaltlich richtig zu Ende führen kannst. Oftmals kannst du Satzteile direkt aus dem Text übernehmen. Pass aber auf, dass Inhalt und Satzkonstruktion stimmen.*

a) … they fall in love with someone.
or: … they love each other.
or: … they are in love.
Hinweis: *Hier ist der Anfang des Nebensatzes schon vorgegeben. Du musst diesen nur noch sinnvoll ergänzen.*

b) … they knew each other well.
Hinweis: *Auch hier hast du durch die Konjunktion ‚before' die Antwort bereits vorgegeben.*

c) … end in divorce.
Hinweis: *Bei diesem Satz fehlen nur noch das Verb und die Ergänzung. Du kannst das Satzende also wortwörtlich aus dem Text übernehmen.*

d) … where Varun and Sabia live today.
or: … where they live now.
or: … where they come from.
or: … where they got married.
Hinweis: *Du siehst, hier gibt es mehrere Antwortmöglichkeiten, die alle richtig sind.*

3. Answer the questions in complete sentences.	6 pts

Hinweis: *Lies dir zuerst die Fragen genau durch, damit du weißt, welche Informationen du im Text finden musst. Obwohl bei dieser Fragestellung der Hinweis ‚The answers needn't be in the text' fehlt, musst du dennoch manchmal Informationen miteinander kombinieren, um auf die richtige Lösung zu kommen.*

a) They look out for a suitable partner – based on criteria such as age, height, moral values, family background, social status and horoscopes.
Hinweis: *Du wirst feststellen, dass diese Antwort direkt aus dem Text übernommen ist und dass sie sogar mehr als die vier geforderten Aspekte enthält.*

b) Arranged marriages are still popular because Indian people believe in destiny and astrology and they look at things such as / like the future and also at the personal and professional life. They believe that the marriage will be successful if everything matches.
Hinweis: *Da es sich hier um eine ‚why'-Frage handelt, solltest du die Frage wiederholen und dann mit ‚because' weitermachen. Auch diese Antwort steht im Text.*

c) She gave up her job and she is learning to be a good housewife.
or: … and now lives with her husband, his parents and his sister.
Hinweis: *Hier musst du aufpassen, dass du die Antwort in der richtigen Zeit schreibst. Der erste Teil der Antwort steht so nicht im Text. Du musst hier zwischen den Zeilen lesen: Im Text erfährst du, dass Sabia als Modedesignerin gearbeitet hat und dass sie vielleicht später wieder in ihren Beruf zurückkehren wird. Aus diesen Informationen kannst du also erschließen, dass sie ihren Beruf aufgegeben hat.*

4. Match four of the persons to the corresponding statements (a–d). (One does not fit.) 4 pts

***Hinweis:** Dies ist eine neue Aufgabenstellung. Wenn du aber genau liest, ist sie nicht schwer. Du musst zunächst die vier Aussagen und danach die Angaben, die zu den einzelnen Personen gemacht werden, lesen und verstehen. Deine Aufgabe ist es, die Namen der Personen den Aussagen a bis d zuzuordnen.*

a) David
b) Gavitha
c) Anitha
d) Kanchana

***Hinweis:** Sawita kannst du keiner Aussage zuordnen.*

5. Ask questions. 6 pts

***Hinweis:** Hier geht es darum, dass du Varun und Sabia, die nun fünf Jahre verheiratet sind, vier Fragen stellst. Achte dabei darauf, dass du unterschiedliche Fragen formulierst, denn wenn die Fragen sich zu sehr ähneln, führt das zu einem Punktabzug. Frag also nicht: 'When did you meet him? How did you meet him? Why did you meet him?'*

a) What has changed in your life since you married/since your wedding/since you got married?
b) Do you still live with your/Varun's family?
c) Have you already got any children?
d) Are you working as a fashion designer again, Sabia?
e) When do you plan to have children?
f) What do you love most about each other?
g) Have you ever regretted the decision to get married without knowing each other well?

B. Use of language

***Hinweis:** Auch in diesem Teil musst du bei den Aufgaben 1 und 2 noch einmal mit dem Text arbeiten.*

1. Find words in the text that mean more or less the same. 3 pts

***Hinweis:** Hier geht es um Synonyme, also um Wörter, die dieselbe oder eine ähnliche Bedeutung haben. Da die Textabschnitte angegeben sind, ist es nicht schwer, die Entsprechungen zu finden.*

a) complete
***Hinweis:** Es ist das einzige Wort in diesen Zeilen, das hier passt. Du findest es in Zeile 4.*

b) common
***Hinweis:** In der Regel hast du gelernt, dass ‚normal' das Synonym für ‚usual' ist. Das findest du aber in diesem Textabschnitt nicht. ‚Common' heißt auch ‚üblich' und somit steht in Zeile 10 deine Antwort.*

c) matches
***Hinweis:** Hier musst du aufpassen, dass du die richtige Form des Verbs aufschreibst. Wenn du in diesem Fall das 3. Person Singular-s vergisst, bekommst du einen halben Punkt Abzug. Notiere also immer dieselbe Form wie die der Aufgabenstellung.*

2. Explain **two** of the following words in complete sentences.	4 pts

***Hinweis:** In dieser Aufgabe sollst du zwei der drei Wörter bzw. Ausdrücke erklären. Das kannst du auf verschiedene Art und Weise tun: Entweder schreibst du eine Definition, aus der genau hervorgeht, was das Wort bedeutet, oder du verwendest das Gegenteil oder ein Synonym. Auch ein Beispielsatz ist möglich, der die Bedeutung des Wortes genau erfasst. Wenn – wie in diesem Fall – Zeilenangaben vorhanden sind, muss die Bedeutung des Wortes im Text berücksichtigt werden.*

a) When Varun and Sabia got married they became husband and wife in a ceremony.
***Hinweis:** Da es im Text um eine arrangierte Ehe geht, kannst du hier ‚get married' mit dem Beispiel aus dem Text erklären.*

b) Your hometown is the town where you live or where you were born.
***Hinweis:** Dies ist zwar eine allgemeine Erklärung, sie bezieht sich aber dennoch auf den Text.*

d) 'Old-fashioned' is the opposite of 'modern' (or: 'up-to-date').
***Hinweis:** Hier musst du das Gegenteil kennen. Du kannst nicht einfach aus ‚old' ‚new' machen.*

3. Vocabulary – Grammar	10 pts

***Hinweis:** Bei dieser Aufgabe musst du beweisen, dass du ein Gespür für die Sprache hast und dass du Wortschatz und Grammatik anwenden kannst. Du musst bei den einzusetzenden Wörtern erkennen, ob es sich um ein Nomen, ein Adjektiv, ein Adverb, ein Verb, eine Präposition etc. handelt. Dementsprechend musst du das vorgegebene Wort verändern, du darfst aber kein neues Wort einer anderen Wortfamilie einsetzen. Bei einem Fragezeichen (d) sollst du das fehlende Wort selbst herausfinden. Wenn mehrere Wörter zu einer Lücke angeboten werden (e), musst du dich entscheiden, welche Alternative die richtige ist.*

a) families
***Hinweis:** Durch das Adjektiv ‚few' vor der Lücke ist klar, dass hier ein Wort im Plural eingesetzt werden muss. Beachte die Pluralbildung: -y wird zu -ies.*

b) teacher
***Hinweis:** Der Text erfordert hier das Nomen.*

c) told
***Hinweis:** Die Zeitangabe ‚last week' verlangt das simple past.*

d) where / and
***Hinweis:** Hier kannst du als Ortsangabe ‚where' ergänzen – ‚where' leitet dann einen Relativsatz ein. Du kannst die beiden Satzteile aber auch durch ‚and' verbinden.*

e) by
***Hinweis:** Durch die Passivkonstruktion kann hier nur ‚by' stehen.*

f) don't work
or: can't work
***Hinweis:** Hierbei handelt es sich um einen if-Satz. Da im Hauptsatz simple present steht, muss auch im Nebensatz, dem if-clause, simple present verwendet werden.*

g) survival
***Hinweis:** Da in diesem Satz das Verb bereits vorgegeben ist, fehlt also das Nomen. Dies kannst du auch daran erkennen, dass vor der Lücke ein s-Genitiv steht.*

h) goes
Hinweis: *In diesem Satz fehlt das Verb. Da es sich um eine Person handelt, musst du die 3. Person Singular von ‚go' bilden, indem du -es anhängst. Außerdem muss der Satz im simple present stehen, da Chumki jeden Nachmittag zu Babar Alis Unterricht geht.*

i) returning
Hinweis: *Hier steht das Gerundium (-ing-Form) nach der Konjunktion ‚before'.*

j) education
Hinweis: *Im Satz fehlt das Objekt. Auch ‚any' zeigt dir an, dass du ein Nomen ergänzen musst.*

C. Creative writing

Hinweis: *In diesem zentralen Teil eines WET musst du beweisen, dass du längere Texte verfassen kannst, d. h., du musst nicht nur die passenden Worte finden, sondern auch die Grammatik richtig anwenden. Bewertet wird in diesem Teil nicht nach einzelnen Fehlern, sondern nach Inhalt (1/3) und Sprache (2/3), wobei auch die Rechtschreibung Eingang in die Bewertung findet. Die Bewertungskriterien findest du im ersten Abschnitt dieses Buches (S. IV der ‚Hinweise und Tipps').*

1. Give your opinion.	9 pts

Hinweis: *Bei dieser Aufgabe sollst du dir eine Aussage aussuchen und zunächst entweder zustimmen oder ablehnen und dann deine Aussage in ca. 60 Worten begründen. Du darfst aber nur eine Aussage bearbeiten. Solltest du zwei oder gar alle drei bearbeiten, wird nur die Bearbeitung der ersten Aussage gewertet.*

Zustimmung	***Ablehnung***
Yes, that's right.	*No, that's wrong.*
I think so, too.	*I don't think so.*
I agree (with this statement).	*I don't agree/I disagree.*
I am of the same opinion.	*I am not of the same opinion.*

Wenn du dich nicht entscheiden kannst, kannst du auch ‚That depends …', ‚On the one hand …, on the other hand' etc. schreiben.

a) That depends on the subject. For example, scientists say that girls and boys think differently in technical or scientific subjects. Research shows that girls are sometimes more confident and that boys concentrate better in single sex groups. Teaching boys and girls together in Biology might cause problems when the human body is being talked about.
In other subjects, such as Art, Music, or even languages, being taught together is often an advantage for both sides. *(75 words)*

b) This statement is not true in general, because there are many aspects which have to be considered, such as how old you are, what kind of job you have and if you want to advance in your career. Consequently, if you are young and have a very good job for which you travel a lot, it might be better if you were single. However, if you don't live for your job, coming home to your husband, wife or your family after a hard day's work will make up for all the hardship and difficulties you might have experienced during the day. *(101 words)*

c) That depends on a person's age. When you are a baby you need your family to take care of you, but the older you get, the more important friends become for you. Especially as a teenager it is more likely for you to talk about your problems with your friends than with your parents and you spend much more time with them. However, when you get married, the family becomes more important once again. When you are really old, it will probably be your children who look after you and not your friends.

(93 words)

Hinweis: *In dem nun folgenden Teil eines WET musst du dich zwischen zwei Aufgaben entscheiden. Solltest du beide bearbeiten, wird nur die erste Aufgabe gewertet, auch wenn die zweite sprachlich und inhaltlich besser sein sollte.*
Bevor du zu schreiben beginnst, lies dir deshalb beide Aufgabenstellungen genau durch und entscheide dich dann für die Aufgabe, die dir besser liegt.
Wenn du den Inhalt nicht richtig erfasst, zählt die gesamte Aufgabe 0 Punkte. Achte auch immer auf die Zeit, in der du den Text schreibst.

2. a) Write a letter of complaint. 18 pts

Hinweis: *Hier musst du einen Beschwerdebrief verfassen. Es handelt sich also um einen formellen Brief, den du an ein Reisebüro richtest. Denke an den besonderen Anfang und das Ende sowie an die formelle Sprache eines solchen Briefes. Die Situation für deine Beschwerde ist vorgegeben: 'Your last holiday was the worst you have ever had'. Du musst also in der Vergangenheit schreiben, wenn du über deinen schrecklichen Urlaub berichtest.*

Your address
7 August 2011

Sunshine Tours
7 Wall Street,
Manchester NH 03101
England[1]

Dear Sir or Madam[2],

We[3] have just got back from our holiday to Majorca, which we had booked at your travel agency. The holiday started quite well, and we got to our destination on time[4], but then the trouble began.
First of all, our hotel was overbooked, so we were transferred to a different hotel. It was far away from the beach and turned out to be a dump. The rooms were dirty, the beds were unmade and the sheets had not been changed. There were hairs in the washbasin and the shower, cockroaches were running around everywhere and the electricity was out of order. Hot water was available only twice a day for ten minutes[5]. The straw that broke the camel's back[6] was the food! It was horrible – greasy and cold.
We took photos which prove the terrible conditions. You will find them attached to this letter.
Of course, we are not willing to pay for the worst holiday we have ever had and ask you to refund us our money for the accommodation.

Yours faithfully,[7]

(177 words)

Hinweise:
1 Denke bei einem solchen offiziellen Brief an die Adressen und das Datum.
2 Da du den Namen des Adressaten nicht kennst, schreibst du ‚Dear Sir or Madam'. Du kannst aber auch einen Namen erfinden, denn du hast die Reise ja bei „Sunshine Tours" gebucht. Je nachdem, welche Anrede du wählst, ist dann ein anderes Ende deines Briefes erforderlich.
3 Beginne den ersten Satz mit einem Großbuchstaben.
4 Am Anfang kannst du ruhig einen positiven Aspekt erwähnen.
5 Hier kannst du deiner Fantasie freien Lauf lassen und dich über alle Dinge beschweren, die dir einfallen.
6 Das ist eine Redewendung. Sie bedeutet: ‚Was das Fass zum Überlaufen brachte …'
7 Einen Brief, bei dem du niemanden persönlich ansprichst, beendest du mit ‚Yours faithfully'. Wenn du aber jemanden mit Namen ansprichst, solltest du hier ‚Yours sincerely' schreiben.

2. b) Write a story.	18 pts

Hinweis: *Beachte beim Schreiben der Geschichte die Situation: Du nimmst an einem Wettbewerb der Schülerzeitung teil und musst eine Geschichte erfinden, deren letzter Satz bereits vorgegeben ist. Achte darauf, dass dein Text logisch aufgebaut ist und zum letzten Satz „After that I changed my mind and agreed with my best friend's idea" hinführt.*

How I changed my mind

I would like to tell you about something that happened to me lately.
My friend Jane asked me to go to the gym with her. I didn't want to, because I was not keen on working out and on sweating on a stupid machine next to lots of other people. I said that I had so many things to do for school, that there was my birthday party to plan and that my mother wanted me to help her at home. I know, these were all excuses, but I just did not want to go.
Jane, however, did not let go. She insisted that it would do me good and promised that I would feel better afterwards. She said that she was concerned about me, because I was getting thinner and thinner. She had noticed that I seemed very quiet and sad as well.
Although Jane is my best friend, I simply could not tell her what the matter was, so I just shrugged and turned to leave. But then our friend Gillian was there, too. She also told me that I ought to leave the house and spend time with my friends. She explained that doing sports had helped her a lot when her boyfriend had left her, because she met really nice people at the gym and because she did not think about her problems while working out.
That gave me something to think about, and *after that I changed my mind and agreed with my best friend's idea.* *(238 words)*

D. Skills and techniques

Hinweis: *In diesem Teil der Arbeit geht es vor allem um die Vermittlung zwischen Englisch und Deutsch.*

1. Mediation	15 pts

Hinweis: *Dieses Jahr musst du hier als Dolmetscher fungieren. Du sollst zwischen deiner englisch sprechenden Freundin und deinen Eltern dolmetschen. Das bedeutet, dass du nicht wortwörtlich übersetzen sollst, was die anderen Gesprächspartner sagen, sondern dass du den relevanten Inhalt übertragen musst. Denke dabei daran, dass du nicht in der Ichform schreiben kannst, sondern immer einen Perspektivenwechsel einhalten musst.*

a) My mother wants to know why your parents went/moved to England.
Hinweis: Wenn du eine solche Aufgabe ganz genau machen willst, ergänzt du immer, wer etwas fragt oder sagt. Verwende in dieser Aufgabe in der indirekten Rede bei dem einleitenden Verb (hier: ‚wants to know') am besten das simple present, denn dann brauchst du die Zeitenverschiebung nicht berücksichtigen.

b) Sie sagt, weil ihrem Vater eine gute Stelle angeboten worden ist/wurde und viele ihrer Verwandten dort lebten.
***Hinweis:** Du siehst, hier wurde fast wortwörtlich übertragen, da die gesamte Aussage wichtig ist.*

c) My father wants to know if it was difficult for your parents to get accustomed/used to (the) life in England.
***Hinweis:** Hier solltest du erwähnen, dass der Vater etwas wissen möchte.*

d) Sie meint, dass es nicht wirklich schwierig war, weil sie immer noch einige ihrer indischen Traditionen aufrechterhalten/bewahren. Aber sie haben auch Freundschaften mit englischen Familien geschlossen/englische Freunde gefunden.
***Hinweis:** Du siehst, es gibt hier mehrere Möglichkeiten der Übertragung. Es geht darum, den Sinn zu erfassen, und nicht darum, wortwörtlich zu übersetzen.*

e) And which do you think is better – the English or the Indian way of life?
***Hinweis:** Bei diesem Satz kannst du nun auch aus deiner Perspektive fragen.*

f) Sie mag beide.

g) Could you imagine living in India one day?

h) Sie möchte das Land gerne besser kennenlernen, aber da sie nicht viel über die örtlichen Sitten/Gebräuche weiß, wäre es ziemlich schwierig, mit den Menschen in ländlichen Gegenden auszukommen/zurechtzukommen.

2. Translate the text into German.	8 pts

***Hinweis:** Bei dieser Aufgabe musst du genau übersetzen. Wenn du Fehler machst, werden dir Punkte abgezogen.*
Jedem Satz ist eine bestimmte Punktzahl zugeordnet, die nicht überschritten werden kann, d. h., du kannst nicht mehr Punkte abgezogen bekommen, als es gibt.
Einen Punkt Abzug gibt es, wenn …
- *du ein Wort falsch übersetzt,*
- *du ein Wort zwar richtig übersetzt, es aber nicht in den Zusammenhang passt,*
- *du ein Wort oder einen Ausdruck nicht übersetzt,*
- *du eine grammatikalische Form falsch überträgst,*
- *du gegen die deutsche Wortstellung verstößt.*

Ein halber Punkt wird dir abgezogen, wenn …
- *du einen Flüchtigkeitsfehler machst,*
- *du nur leicht abweichst, den Sinn aber nicht entstellst.*

Fehler in der deutschen Rechtschreibung werden in der Regel nicht berücksichtigt.

In Indien müssen Mädchen 18 und Jungen 21[1] sein, bevor sie heiraten.
Es gibt jedoch[2] viele Orte im ländlichen Indien, wo die Tradition stärker[3] ist als das Gesetz.
Das bedeutet[4], dass viele Familien immer noch die Hochzeiten für ihre Kinder arrangieren[5] – besonders für die Töchter.
Armut spielt auch[6] eine Rolle bei[7] Kinderehen[8].
Wenn ein Mädchen verheiratet ist, muss der Ehemann oder seine Familie für sie sorgen – was bedeutet[9], dass ihre Familie es[10] nicht mehr tun muss.

Hinweise:

1 Es handelt sich hier eindeutig um das Alter, aber ‚Jahre alt' musst du nicht schreiben.

2 ‚However' am Anfang eines Satzes, abgetrennt durch ein Komma, heißt ‚jedoch'; auch im Deutschen kannst du ‚Jedoch' an den Satzanfang stellen. Beachte aber in diesem Fall die veränderte Wortstellung: ‚Jedoch gibt es …'

3 ‚strong' heißt ‚stark'.

4 ‚to mean' heißt ‚bedeuten'.

5 ‚to arrange' muss hier mit ‚arrangieren' übersetzt werden; ‚planen' wäre in diesem Kontext falsch.

6 Vergiss nicht, auch die ‚kleinen' Wörter zu übersetzen.

7 ‚in' solltest du hier mit ‚bei' übersetzen.

8 ‚Kinderehen' ist hier die richtige Übersetzung.

9 ‚meaning' ist ein Gerundium und muss hier mit einem Nebensatz übersetzt werden.

10 Der letzte Teilsatz bezieht sich auf ‚support', deshalb muss ‚es' eingefügt werden.

British boy as solo round-the-world sailor

MIKE PERHAM from Potters Bar, a town near London, was just 14 years of age when he crossed the Atlantic in a small boat called the 'Cheeky Monkey' in 2007. It won him an entry in the Guinness Book of Records as the youngest person to cross the Atlantic solo.

On November 15, 2008, Mike went on an even longer voyage: this time he wanted to sail all the way around the globe. On August 27, 2009, he finally crossed the finishing line between Lizard Point in Cornwall and Ushant in France after more than nine months at sea. "It feels amazing," he told the Guardian newspaper after travelling nearly 50,000 kilometres to win his second Guinness Book entry as the world's youngest round-the-world sailor. Mike completed that remarkable trip in a fifty-foot racing yacht named 'Totallymoney.com' after its main sponsor. The trip took him from Cornwall via Cape Town all the way down to Hobart, the capital of Tasmania. He then crossed the Pacific Ocean and re-entered the Atlantic through the Panama Canal.

His boat 'Totallymoney.com' was a dream to sail on good days, doing nearly 20 knots (about 40 km/h) on the journey from South Africa to Australia. Mike loved it, because it was a bit like riding the ocean on a big surfboard. But that was only one of many highlights: he watched whales and dolphins playing near his boat and he also enjoyed the Pacific sunsets. "The best thing about sailing is that it's just you and nature out there," he says. But there were problems, too. The auto pilot on 'Totallymoney.com' broke down many times during the trip, so Mike hardly got any sleep. He also had to eat like a horse all day long to keep up his strength, and then he nearly drowned during a storm in the Pacific. On March 27, Mike found himself upside down in the middle of the night with 50-knot winds and ten-metre waves throwing him about; but he did not want to give up. "I've set myself the challenge to complete this journey and I will see it through," he wrote in his log.

At 16, Mike was physically and psychologically fit for anything, and has always had the support of his parents and his teachers at St Albans Sport Academy. They all believe that sailing allows young people to explore their limits and to learn more about life outside school.

However, most adults agree that there should be a minimum age for such challenges. Libby Purves, a journalist who writes for The Times newspaper, commented: "This piece of prize-hunting is a bad, bad idea. Pushy[1] parents should not let children risk their lives just to become famous." However, even Purves admits that 16 might be the perfect age for a big adventure. The only problem is that many less talented young people will want to follow Mike's example. *(488 words)*

Adapted from Read On 1/2010, Eilers & Schünemann Verlag KG, Bremen

1 pushy – ehrgeizig

A. Text-based tasks **23 pts**

1. Decide whether the following statements are right or wrong.	2 pts

a) Mike started his trip around the world in spring.
b) He began his voyage in Cape Town.
c) The boy had to face a lot of problems on his journey.
d) Most adults say that teenagers should have a certain age for such challenges.

2. Finish the sentences using information from the text.	4 pts

a) After crossing the finishing line between England and France Mike won …
b) Mike passed the Panama Canal in order to …
c) He often had to stay awake because …
d) Young sailors not only need to be talented but also …

3. Answer the questions in complete sentences.	6 pts

a) How did Mike finance his sailing adventure round the world?
b) What does Mike like about sailing? (2 items)
c) What did Libby Purves warn about?

4. Match the headings with the five paragraphs in the text. Write down the lines … – … (Two of the headings do not match.)	5 pts

a) Adults' and journalists' opinions
b) Mike's first success
c) Good and bad experiences
d) Information about seasons
e) Mike's supporters
f) The route of Mike's round-the-world voyage
g) Facts about Mike's classmates

5. Ask questions.	6 pts

After Mike's return you meet his parents. Ask them **four** questions about Mike's sailing trips.

Use **four** different question forms.

B. Use of language **18 pts**

1. Find words in the text that mean more or less the same.	2 pts

a) grown-ups (lines 29–34)
b) gifted (lines 29–34)

2. Find the opposites.	2 pts

a) many (line 15)
b) strength (line 20)

3. Explain **one** of the following words in complete sentences.	2 pts

a) amazing (line 7)
b) sunset (line 17)
c) to explore (line 27)

4. Vocabulary – Grammar	12 pts

Read the text. Find the suitable forms of the words and write them down.

Mike attended the _________ Oakland's Sport Academy	a) fame
in St. Albans, where he _________ for a National Sports Diploma.	b) study
When Mike was young, he _________ his adventures with his parents exploring the hills and mountains of the Lake	c) start
District _________ foot.	d) on/by/to
In 2007, at the age of fourteen, Mike became the _________ person _________ had ever sailed across the Atlantic single-handed.	e) young f) ?
Mike likes all water sports _________ canoeing, water	g) include
skiing and wind surfing. He is _________ in biking, mountaineering and camping and he also is a keen down-	h) interest
hill skier and jazz _________.	i) drums
Mike lives his dreams and _________ everyone to share his experience in his blogs and videos. He has almost his	j) invite
whole _________ ahead of him. He hopes to be a successful adventurer	k) live
and in the years to come we may all learn from his positive attitude and _________ nature.	l) cheer

Adapted from: http://www.sjdentmgt.com/Mike-Perham/Our-Clients

C. Creative writing **27 pts**

1. Give your opinion.	9 pts

Choose **one** of the following statements and write about 60 words.

a) Mike's parents should not have allowed him to sail around the world on his own.
b) It is important for young people to gain experience outside school.
c) Some extreme sports should be banned.

Choose task 2 a) *or* 2 b). Do not work on both tasks.

2. a) Write a story.	18 pts

Look at the picture and write a story of about 120 words.

Quelle: © Yuri Arcurs | Dreamstime.com

2. b) Write an e-mail.	18 pts

St Albans School
Summer Programmes

This summer St Albans offers sports activities like tennis, swimming, football and many more.

You want to be a coach and work in our team?

Apply to: www.stalbansschool.org/summer

You have found this job offer for sports coaches. You are interested and send your application. Write an e-mail of about 120 words.

D. Skills and techniques

22 pts

1. Translate into German.	6 pts

a) He had to eat like a horse all day long to keep up his strength. 2 pts

b) Pushy parents should not let children risk their lives just to become famous. 2 pts

c) Libby Purves admits, however, that 16 might be the perfect age for a big adventure. 2 pts

2. Pass on the information.	8 pts

Lies den Text und beantworte die Fragen auf Deutsch.

Boat made from plastic bottles completes Pacific voyage

A boat made from thousands of plastic bottles has sailed into Sydney Harbour, completing a four-months voyage that began in San Francisco. The boat, called 'Plastiki', was built from 12,500 plastic bottles.

Quelle: http://blog.coup.co.za/2011/04/sailing-on-plastic-bottles-for-a-good-cause/

Hundreds of people turned out in Sydney to welcome the 'Plastiki' and its crew of six. "It has been an extra-ordinary adventure," said expedition leader and environmentalist David de Rothschild. "We have this addiction to single-use, throwaway plastic, which is choking up the ecosystem". He said that a UN report warning of the dangers posed by plastic waste to the world's oceans was the inspiration for this trip. He and his crew had wanted to make people think of the damage caused to the ocean by the disposal of plastic waste.

The 'Plastiki' left the US city of San Francisco in March 2010, crossing the Pacific and then travelling via Western Samoa to Australia.

The vessel is a catamaran, with thousands of plastic bottles attached with organic glue to two pontoons. Other parts of the boat such as the sails and the mast are made from recycled materials. The 'Plastiki' can now be seen in Sydney's Maritime Museum.

It was named after the 'Kon-Tiki', the raft sailed across the Pacific by Norwegian anthropologist Thor Heyerdahl in 1947.

Adapted from: http://www.bbc.co.uk/news/world-asia-pacific-10759623

a) Wie lange dauerte die Fahrt? 1 pt

b) Welche Route nahm die ‚Plastiki' auf ihrer Fahrt nach Australien? 2 pts

c) Worauf wollte David de Rothschild mit seiner Aktion aufmerksam machen? 2 pts

d) In welchem Land kann die ‚Plastiki' heute besichtigt werden? 1 pt

e) Was war die ‚Kon-Tiki'? (2 Fakten) 2 pts

3. Mediation 8 pts

You and your father are in Sydney's Maritime Museum. You notice David de Rothschild. Your father does not speak English but he has some questions about the expedition. You must help him with the conversation.

a) FATHER: Ist das nicht Herr von Rothschild? Er hat doch den Pazifik überquert. Frag mal.

YOU: ______________________________ 2 pts

____

b) MR DE ROTHSCHILD: You are right. That was one of my best trips.

YOU: ______________________________ 1 pt

____

c) FATHER: Das Boot bestand doch aus Plastikflaschen. Hatte er keine Angst, dass das Boot zerstört werden könnte?

YOU: ______________________________ 2 pts

____

d) MR DE ROTHSCHILD: Yes, but we knew we could rely on the construction of the boat.

YOU: ______________________________ 2 pts

____

e) FATHER: Sag ihm, dass es toll war, ihn zu treffen.

YOU: ______________________________ 1 pt

____

MR DE ROTHSCHILD: My pleasure.

Lösungen

***Hinweis:** Eine Englischarbeit wie diese erfordert große Flexibilität, da sie sehr viele verschiedene Aufgabentypen enthält. Hierbei ist es wichtig, dass du bestimmte Dinge beachtest. Da die Rechtschreibung in allen Teilen bewertet wird, musst du am Ende deine Texte nochmals durchlesen und sorgfältig korrigieren. Bei sinnentstellenden Fehlern (z. B. bei Verwechslungen von „than" und „then") wird ein ganzer Punkt, bei nicht sinnentstellenden Fehlern („easyly" statt „easily") wird ein halber Punkt abgezogen. Du darfst also nicht allzu viele Leichtsinnsfehler machen, denn das würde sich auf die Note negativ auswirken. Außerdem ist es sehr wichtig, dass du erst die Arbeitsanweisungen liest, bevor du an eine Aufgabe herangehst.*

A. Text-based tasks

***Hinweis:** Wie der Name schon sagt, findest du in diesem Teil Aufgaben, bei denen du dich nochmals mit dem Text auseinandersetzen musst. Das bedeutet, dass du den Text noch ein paar Mal lesen musst, um die verschiedenen Aufgaben lösen zu können. Bei Aufgaben, die die Informationsentnahme aus dem Text verlangen, werden Antworten, die nicht dem Text entnommen sind, mit 0 Punkten bewertet.*

1. Decide whether the following statements are right or wrong.	2 pts

***Hinweis:** In dieser Aufgabe musst du dich entscheiden, ob die Aussagen zum Text richtig oder falsch sind. Da die Sätze nicht wortwörtlich im Text stehen, musst du genau lesen. Allerdings brauchst du die falschen Aussagen nicht zu verbessern, da das nicht in der Arbeitsanweisung steht. Obwohl in der Anweisung „right" und „wrong" steht, kannst du natürlich auch „r" oder „w" schreiben.*

a) wrong
***Hinweis:** Die Information findest du in Zeile 4: "On November 15, 2008, Mike went on an even longer voyage."*

b) wrong
***Hinweis:** Die Reise führte ihn von Cornwall über Kapstadt bis nach Hobart. Dies steht im Text in den Zeilen 10 und 11: "The trip took him from Cornwall via Cape Town all the way down to Hobart."*

c) right
***Hinweis:** Die Zeilen 18 bis 22 geben dir Auskunft über seine Probleme auf dem Turn: "But there were problems, too. The auto pilot on 'Totallymoney.com' broke down many times during the trip, so Mike hardly got any sleep. He also had to eat like a horse all day long to keep up his strength, and then he nearly drowned during a storm in the Pacific. On March 27, Mike found himself upside down in the middle of the night with 50-knot winds and ten-metre waves throwing him about; but he did not want to give up."*

d) right
***Hinweis:** Diese Information findest du in Zeile 29: "Most adults agree that there should be a minimum age for such challenges."*

2. Finish the sentences using information from the text.	4 pts

***Hinweis:** Hier sollst du den Text nach Informationen durchsuchen und die angefangenen*

Sätze richtig beenden. Du kannst manchmal Textpassagen wörtlich übernehmen, manchmal musst du sie anders formulieren. Der Satz, den du weiterführst, muss grammatikalisch richtig sein.

a) … his second Guinness Book entry.
Hinweis: *Da hier das Verb schon vorgegeben ist, musst du nur noch das Objekt einfügen. Du findest den Hinweis zu diesem Satz in den Zeilen 8 und 9, wobei der Zusatz „as the world's youngest round-the-world sailor" nicht notwendig ist.*

b) … enter the Atlantic.
or: … re-enter the Atlantic.
Hinweis: *Die Konjunktion „in order to" im ersten Satzteil verlangt ein Verb. Dieser Satz steht in den Zeilen 11 und 12.*

c) … the auto pilot broke down many times.
Hinweis: *Bei diesem Satz musst du genau lesen und alle Wörter (z. B. „hardly" – kaum) wissen. Die Lösung steht in den Zeilen 18 und 19.*

d) … physically and psychologically fit.
Hinweis: *Die Antwort kannst du von Zeile 25 abschreiben.*

3. Answer the questions in complete sentences. 6 pts

Hinweis: *Bei dieser Aufgabe ist es wichtig, dass du dir den Text noch einmal genau ansiehst und dann entscheidest, was alles in deine Antwort hinein muss.*

a) He was sponsored by "Totallymoney.com".
or: He had a sponsor.
Hinweis: *Die Antwort findest du in den Zeilen 9–10. Du musst den Satz aber umformen.*

b) He likes watching whales and dolphins, enjoying the Pacific sunset and being alone in the nature.
Hinweis: *Bei dieser Frage werden zwei „items", also zwei Fakten verlangt, die im Text zu finden sind. Du kannst also aus den drei Fakten zwei auswählen.*

c) She warned about pushy parents not letting their children risk their lives just to become famous.
or: She warned that less talented young people might follow Mike's example.
Hinweis: *Bei dieser Antwort ist die Textstelle leicht zu finden, aber du musst den Satz umformen, im ersten Fall sogar mit einem Gerund.*

4. Match the headings with the five paragraphs in the text.
Write down the lines … – … (Two of the headings do not match.) 5 pts

Hinweis: *Nachdem du den Text schon ein paar Mal gelesen hast, dürfte dir diese Aufgabe nicht schwer fallen. Du musst zuerst die Überschriften lesen und verstehen und dann die entsprechenden Abschnitte des Textes zuordnen. Dabei musst du aufpassen, dass du immer die Zeilen des gesamten Abschnitts angibst. Außerdem passen zwei Überschriften nicht zum Text.*

a) Adults' and journalists' opinions	lines 29–34
b) Mike's first success	lines 1–3
c) Good and bad experiences	lines 13–24
d) Information about seasons	This heading does not match.
e) Mike's supporters	lines 25–28

f) The route of Mike's round-the-world voyage — lines 4–12
g) Facts about Mike's classmates — This heading does not match.

Hinweis: *Die Überschriften d und g passen zu keinem Textabschnitt.*

5. Ask questions.	6 pts

Hinweis: *Bei dieser Aufgabenstellung triffst du Mikes Eltern nach seiner Rückkehr. Du sollst ihnen vier Fragen zu den Segelturns ihres Sohnes stellen. Achte darauf, dass es vier unterschiedliche Fragen sind, die sich durch die Zeitform, das Fragewort und den Inhalt unterscheiden. Hier findest du eine Auswahl aus möglichen Fragen. Du kannst natürlich auch andere Fragen stellen.*

- Are you proud of your son?
- Weren't you afraid when your son was away?
- When did you hear from him for the first time after he had left?
- How did you feel when you heard his boat turned over?
- Did you push him?

B. Use of language

Hinweis: *Bei Aufgaben, in denen Zeilenangaben gemacht werden, musst du nochmals mit dem Text arbeiten.*

1. Find words in the text that mean more or less the same.	2 pts

Hinweis: *Hierbei handelt es sich um Synonyme, Wörter mit fast derselben Bedeutung. Die Zeilenangaben bedeuten, dass die Wörter, die du finden musst, in diesen Zeilen stehen.*

a) adults
Hinweis: *Da das Ausgangswort im Plural steht, musst du auch den Plural hinschreiben. Du findest das Wort in Zeile 29.*

b) talented
Hinweis: *Hier handelt es sich um ein Adjektiv, also musst du auch das Adjektiv schreiben. Dieses Wort steht in Zeile 33.*

2. Find the opposites.	2 pts

Hinweis: *Die Zeilenangaben bei dieser Aufgabe bedeuten, dass du das Gegenteil zu dem angegebenen Wort finden musst, das dann auch noch in den Satz passt.*

a) the few
Hinweis: *Durch die Formulierung „one of many highlights" kannst du hier nicht nur „few" als Gegenteil einsetzen.*

b) weakness
Hinweis: *Hier ist das Gegenteil eindeutig, du musst allerdings wissen, wie man Nomen bildet.*

3. Explain **one** of the following words in complete sentences.	2 pts

Hinweis: *Bei dieser Aufgabenstellung gibt es mehrere Möglichkeiten, wie du ein Wort erklären kannst. Entweder schreibst du eine Definition, aus der eindeutig die Bedeutung des Wortes, wie es im Text vorkommt, hervorgeht. Du kannst aber auch das Wort über ein Synonym oder ein Gegenteil erklären. Denke nur daran, dass es immer ein ganzer Satz sein muss, sonst wird dir von vornherein schon ein Punkt abgezogen.*

a) "Amazing" is the same as "great" (**or:** "awesome", **or:** "astonishing").
Hinweis: *Hier kannst du ganz einfach ein anderes gleichbedeutendes Wort einsetzen.*

b) "Sunset" is the opposite of "dawn" (**or:** "sunrise").
or: It is the time of the day when the sun disappears in the west.
Hinweis: *Hier hast du nun die Möglichkeit, das Wort über ein Gegenteil zu erklären oder einen eigenen Satz zu formulieren.*

c) "To explore" can be replaced by "to find out about".
or: Scott and Amundsen explored the South Pole.
Hinweis: *Ein Verb zu erklären ist immer schwieriger. Hier kannst du also auch einen Beispielsatz schreiben, aber er muss eindeutig aussagen, was das zu erklärende Wort bedeutet (to explore – erforschen).*

4. Vocabulary – Grammar	12 pts

Hinweis: *Diese Aufgabe verlangt von dir viel Sprachgefühl, denn du musst Wortschatz und Grammatik beherrschen. Bei den einzusetzenden Wörtern musst du erkennen, um welche Wortart und welche Zeit es sich handelt. Du brauchst allerdings nicht lange suchen, an welche Stelle des Textes du die Wörter einsetzen musst, denn sie stehen in der richtigen Reihenfolge der Lücken da, sodass du nur das neue Wort in die Lücke schreiben musst. Bei einem Fragezeichen (wie bei Aufgabe f) sollst du das fehlende Wort selbst herausfinden. Wenn mehrere Wörter zu einer Lücke angeboten werden (wie bei Aufgabe d), musst du dich entscheiden, welche Alternative die richtige ist.*

a) famous
Hinweis: *Wegen des Artikels vor der Lücke und dem folgenden Nomen muss hier das Adjektiv eingesetzt werden.*

b) studied
or: was studying
Hinweis: *Hier ist sowohl das „Simple Past" als auch das „Past Progressive" möglich.*

c) started
Hinweis: *Dies geht nur im „Simple Past", da es sich auf die Zeit bezieht, als Mike jung war.*

d) on
Hinweis: *„Zu Fuß" heißt „on foot".*

e) youngest
Hinweis: *Wie aus dem Text hervorgeht, war Mike mit 14 Jahren der jüngste Segler.*

f) who/that
Hinweis: *Da es sich hier um eine Person handelt und der Relativsatz ein notwendiger ist, kannst du sowohl „who" als auch „that" einsetzen.*

g) including
Hinweis: Hier folgt eine Aufzählung nach einem Gerund. Da immer nur ein Wort einzusetzen ist, kannst du hier keinen Relativsatz daraus machen („which include“).

h) interested
Hinweis: Durch „is“ und „in“ vor und nach der Lücke kann es nur „interested“ (interessiert an) heißen.

i) drummer
Hinweis: Es muss hier die Person eingesetzt werden, da der Skiläufer („skier“) auch eine Person ist.

j) invites
Hinweis: Hier fehlt das Verb. Vergiss das „s“ für die 3. Person nicht.

k) life
Hinweis: Er hat sein ganzes Leben noch vor sich, also muss hier das Nomen stehen, welches – anders als das Verb – mit „f“ geschrieben wird.

l) cheerful
Hinweis: Vor „nature“ fehlt ein Adjektiv.

C. Creative writing

***Hinweis:** In diesem Teil musst du beweisen, dass du die englische Sprache in längeren Texten anwenden kannst, d. h., du musst nicht nur die passenden Worte finden, sondern auch die Grammatik richtig verwenden. Bewertet wird in diesem Teil nicht nach einzelnen Fehlern, sondern nach Inhalt (1/3) und Sprache (2/3), wobei auch die Rechtschreibung zählt. Die Bewertungskriterien findest du im ersten Abschnitt dieses Buches (Hinweise und Tipps).*

1. Give your opinion.	9 pts

***Hinweis:** Bei dieser Aufgabe sollst du dir eine Aussage aussuchen und zunächst entweder zustimmen oder ablehnen und dann deine Aussage in ca. 60 Wörtern begründen. Du darfst aber nur eine Aussage bearbeiten. Solltest du zwei oder gar alle drei bearbeiten, wird nur die Bearbeitung der ersten Aussage gewertet. Achte darauf, dass du ca. 60 Wörter schreiben musst. Schreibst du zu wenige oder zu viele, werden dir Punkte abgezogen.*

Zustimmung	***Ablehnung***
Yes, that's right.	*No, that's wrong.*
I think so, too.	*I don't think so.*
I agree (with this statement).	*I don't agree/I disagree.*
I am of the same opinion.	*I am not of the same opinion.*

Wenn du dich nicht entscheiden kannst und es „sowohl – als auch“ heißen könnte, kannst du auch „That depends …“, „On the one hand …, on the other hand“ etc. schreiben.

a) I definitely agree with this statement. Sailing alone is a very risky kind of sport, especially for young people. Parents are responsible for their children and therefore should not allow them to go on such a voyage on their own because there could be too many dangerous situations. Young people should sail in a team to have support in case of emergency. *(62 words)*

b) In my opinion that is right because school alone does not prepare you for your future life. To form your personality, it is necessary to gain experiences in your free time, for example when you do sports or work together with other young people in social projects like helping older people or doing some environmental work like cleaning river banks or mowing meadows. *(63 words)*

c) Well, I don't know. It would make life a bit boring for some people. But extreme sports can be dangerous and the risk of accidents is even higher than when you do normal sports. On the other hand you can also get seriously injured playing football or riding your bike. As we live in a democracy, everybody should decide this for himself. *(62 words)*

***Hinweis:** In diesem Teil musst du dich zwischen zwei Aufgaben entscheiden. Solltest du beide bearbeiten, wird nur die erste Aufgabe gewertet, auch wenn die zweite sprachlich und inhaltlich besser sein sollte.*
Bevor du beginnst, lies dir die Aufgabenstellungen genau durch. Du kannst auch zunächst eine Stoffsammlung auf deinem Konzeptbogen machen, damit du siehst, welche Aufgabe dir besser liegt. Außerdem darfst du nicht wesentlich mehr oder weniger als 120 Wörter schreiben, sonst werden dir Punkte abgezogen.
Wenn du den Inhalt nicht richtig erfasst, zählt die gesamte Aufgabe 0 Punkte. Achte auch immer auf die Zeit, in der du den Text schreibst.

2. a) Write a story.	18 pts

***Hinweis:** Zu dieser Aufgabe ist dir ein Foto vorgegeben, zu dem du eine Geschichte schreiben sollst. Das Foto kann in einer Disco oder bei einer Party aufgenommen worden sein. Da eine Geschichte in der Regel in der Vergangenheit spielt, musst du auf die Zeit achten. Vergiss nicht, eine Überschrift für deine Geschichte zu finden.*

Finally eighteen
Last Saturday was my great day: I turned 18 at last. That is why I celebrated my majority at the in-club of our town. To this special event I invited my ten best friends. We met in front of the disco and for the first time in our lives didn't have any problems passing through security. I proudly presented my ID to the bouncers. As the evening went on, we had some alcoholic drinks, which gave us the courage to speak to some beautiful girls. I had a very good conversation with a blond girl in the chill-out zone of the club. We danced the whole evening and had a great time. Since that night I have been dating her – and I am very happy. *(125 words)*

2. b) Write an e-mail.	18 pts

***Hinweis:** Hier sollst du dich in einer E-Mail um eine Stelle bewerben. Lies dir genau durch, was von dir an der Schule erwartet wird. Die Schule stellt auch einige Anforderungen, auf die du in deiner Bewerbung eingehen musst. Diese Ausschreibung ist aus dem Internet und du sollst dich auch über das Internet bewerben. Dabei entfallen zwar nicht die üblichen Anreden, aber du musst deine Adresse und die des Adressaten nicht angeben. Wenn du dich nicht mehr an alles erinnern kannst, wiederhole nochmals die Skills zu „Writing formal and informal letters".*

Dear Sir or Madam[1],

I hereby apply for the position of a coach in your summer programme.[2] I have got some experience in coaching kids and working with children as I coach the under 12's basketball team of my home town. I am also experienced in other kinds of sports, especially team sports. As a coach and a player in a teenage soccer team, I am used to working in a team as well and therefore I could bring my team spirit to your coaching staff. [3]

I speak English very well, but still want to improve my fluency. I would also like to get to know the Scottish countryside and the people there.[4]

I am looking forward to hearing from you soon.[5]

Yours sincerely, (Yours faithfully)[6]

(127 words)

Hinweise:

1 *Da nur die Internetadresse in der Anzeige angegeben ist, musst du auch in einer E-Mail-Bewerbung nur die Anrede „Dear Sir or Madam" benutzen.*
2 *Im ersten Satz sagst du, dass du dich um die ausgeschriebene Stelle bewirbst.*
3 *Hier musst du dich auf die Ausschreibung beziehen und sagen, dass du schon ein wenig Erfahrung hast.*
4 *Du sollst auch noch andere Gründe angeben, warum du eine Stelle in Großbritannien annehmen möchtest.*
5 *Vergiss den letzten Satz nicht.*
6 *Da es sich um eine E-Mail handelt, kannst du auch „Yours sincerely" schreiben. Korrekt wäre jedoch die Schlussformel „Yours faithfully", da du ja keine Person direkt ansprichst.*

D. Skills and techniques

Hinweis: *In diesem Teil der Arbeit geht es vor allem um die Vermittlung zwischen Englisch und Deutsch. In der Abschlussprüfung 2012 ist die Übersetzung zum letzten Mal Bestandteil der schriftlichen Prüfung gewesen – deshalb gab es dafür nur noch wenig Punkte.*

1. Translate into German.	6 pts

Hinweis: *Im ersten Teil musst du drei Sätze des Ausgangstextes ins Deutsche übersetzen, d. h., jedes Wort muss übersetzt werden und du musst den Text in gutem Deutsch schreiben. Wenn dir dies schwerfällt, übersetze alles erst aufs Konzeptblatt und formuliere dann gute deutsche Sätze.*
Jedem Satz ist eine bestimmte Punktzahl zugeordnet, die nicht überschritten werden kann, d. h., du kannst nicht mehr Punkte abgezogen bekommen, als es gibt.
Einen Punkt Abzug gibt es, wenn …
- *du ein Wort falsch übersetzt,*
- *du ein Wort zwar richtig übersetzt, es aber nicht in den Zusammenhang passt,*
- *du ein Wort oder einen Ausdruck nicht übersetzt,*
- *du eine grammatikalische Form falsch überträgst,*
- *du gegen die deutsche Wortstellung verstößt.*

Ein halber Punkt wird dir abgezogen, wenn …
- *du einen Flüchtigkeitsfehler machst,*
- *du nur leicht abweichst, den Sinn aber nicht entstellst.*

Fehler in der deutschen Rechtschreibung werden in der Regel nicht berücksichtigt.

a) Er musste[1] den ganzen Tag[2] wie ein Scheunendrescher [3] essen, um bei Kräften [4] zu bleiben. (2 pts)

b) Ehrgeizige Eltern sollten es[5] ihren[6] Kindern nicht erlauben, ihr Leben zur riskieren, nur um berühmt zu werden. (2 pts)

c) Libby Purves gibt jedoch[7] zu, dass 16 vielleicht[8] das perfekte Alter für ein großes Abenteuer sein könnte/dürfte. (2 pts)

Hinweise:
1 Im Text steht „had to".
2 „All day long" heißt „den ganzen Tag". „Jeden Tag" würde „every day" heißen.
3 „To eat like a horse" ist ein Idiom und heißt „wie ein Scheunendrescher essen".
4 Für „to keep up his strength" kannst du auch sagen „um kräftig/stark zu bleiben".
5 „Es" ist eingefügt, um den Satz in gutem Deutsch zu schreiben.
6 Im Text steht kein „their", aber es handelt sich um „ihre"(der Eltern) Kinder, also passt es hier.
7 „However" durch Kommas abgetrennt und mitten im Satz heißt immer „jedoch".
8 In dem „might" steckt ein „vielleicht", deshalb passt es an dieser Stelle.

2. Pass on the information.	8 pts

***Hinweis:** In diesem Teil geht es darum, jemandem, der nicht so gut Englisch spricht, Fragen zu einem Text über ein aus Plastikflaschen gebautes Boot auf Deutsch zu beantworten. Es handelt sich nicht um eine Übersetzung, sondern darum, die Fragen inhaltlich richtig zu beantworten. Wie in einem Gespräch musst du hier keine ganzen Sätze schreiben; es genügt oft nur ein Wort. Wenn du dir aber die Punkteverteilung anschaust, wirst du merken, dass man für zwei Punkte nicht nur ein Wort schreiben kann. Solltest du hier die Antworten auf Englisch geben, wird diese Aufgabe mit 0 Punkten gewertet.*

a) 4 Monate (1 pt)
***Hinweis:** Hier wird nur nach der Dauer der Fahrt gefragt.*

b) von San Francisco über den Pazifik an West-Samoa vorbei nach Australien (2 pts)
***Hinweis:** Hier ist es wichtig, dass du nicht nur den Anfangs- und den Endpunkt benennst, sondern auch die Fahrtroute.*

c) Er wollte auf die Umweltverschmutzung der Ozeane durch Plastikmüll aufmerksam machen. (2 pts)
***Hinweis:** Die zwei Punkte, die es für deine Antwort gibt, ergeben sich aus der „Umweltverschmutzung der Ozeane" durch „Plastikmüll".*

d) in Australien (1 pt)
***Hinweis:** Hier ist nach dem Land gefragt. Du musst wissen, dass Sydney in Australien liegt.*

e) ein Floß, das den Pazifik überquerte, gesteuert von Thor Heyerdahl (2 pts)
***Hinweis:** Hier werden zwei Fakten gefordert.*

3. Mediation.	8 pts

***Hinweis:** Als dritte Aufgabe im D-Teil musst du als Dolmetscher fungieren. Du sollst zwischen deinem Vater, der kein Englisch spricht, und David de Rothschild dolmetschen. Das bedeutet, dass du nicht wortwörtlich übersetzen sollst, was die beiden Personen sagen, sondern dass du die wichtigen Punkte des Gespräches in die jeweils andere Sprache überträgst.*
Denke dabei daran, dass du nicht alles in der Ich-Form oder Wir-Form schreiben kannst, sondern den Perspektivenwechsel einhalten musst.

a) My father wants to know whether you are Mr de Rothschild. You have crossed the Pacific, haven't you? (2 pts)
Hinweis: *Wenn du eine solche Aufgabe ganz genau machen willst, ergänzt du immer, wer etwas fragt oder sagt. Verwende in dieser Aufgabe in der indirekten Rede bei dem einleitenden Verb (hier: „wants to know") am besten das „Simple Present", denn dann brauchst du die Zeitenverschiebung nicht berücksichtigen. Du kannst den zweiten Teil vom Satz deines Vaters mit einer „Question tag" formulieren, was bei einem Gespräch immer besser ist als eine direkte Frage.*

b) Ja, du hattest recht. Das war einer seiner besten Turns/Trips. (1 pt)
Hinweis: *Du kannst „trips" in diesem Fall auch mit „Turns" übertragen, da es sich ja um ein Segelschiff handelte.*

c) The boat was made of plastic bottles, wasn't it? Weren't you afraid of the boat being damaged? (2 pts)
Hinweis: *„Doch" im ersten Satz gibt dir die Möglichkeit für eine weitere „Question tag". Im zweiten Satz kannst du auch schreiben: "Weren't you afraid that the boat could get damaged?"*

d) Ja, aber sie wussten, dass sie sich auf die Konstruktion des Bootes verlassen konnten.
Hinweis: *Das ist die direkte Antwort auf die Frage deines Vaters vorher.* (2 pts)

e) It was nice meeting you. (1 pt)
Hinweis: *Eine nette Floskel zur Verabschiedung.*

Abschlussprüfungsaufgaben Englisch für Realschulen in Baden-Württemberg 2013
Haupttermin – Pflichtfremdsprache

When vampires fall in love

People love to be frightened by vampires. They are the most fascinating creatures in horror stories. They suck blood with their pointed teeth, fly like bats, sleep in coffins, live forever and are usually evil.

Stephenie Meyer has written books about vampires, but hers are different. They are incredibly beautiful, intelligent and kind and they control their desires[1] for human blood, feeding on wild animals instead. Like the vampires in other stories, they have strange powers and enormous physical strength, but they want to live among humans and sometimes fall in love with them.

The idea for *Twilight,* the first book in a series, came to Stephenie Meyer in a dream. In it, she saw a teenage girl talking to a beautiful, sparkling young man in a sunny meadow. They were in love and the man, a vampire, told the girl how hard it was for him not to drink her blood and kill her. Stephenie Meyer wrote down her dream and then carried on writing, telling the story of the vampire and the girl. She finished the book in just three months.

That must have been difficult, because the author also had three young children to look after. She had studied English literature in Utah, but settled down to being a housewife and mother when her first child was born. She had always made up stories but never written one down. "I just didn't think that anyone would want to read them", she said in an interview.

Finally after sending her manuscript to 14 publishers, one of them accepted it – a clever decision. The four books in her series have sold more than 10 million copies worldwide and even topped bestseller lists. The film version of *Twilight* was released in November 2008.

The secret of the books' success is that they deal with vampires in a completely new way. These vampires struggle to control their desires, trying very hard to be good. And there are even parallels to Stephenie Meyer's own life. Because of her strong religious beliefs, she does not drink alcohol, tea or coffee, or smoke and has strict views on sexuality. That is why her vampires are different. They do not drink human blood and there is a lot of romance and passion in the books. The mix of good vampires, bad vampires and human teenagers falling in love with them makes some very exciting and romantic stories.

Now that the author knows how much people like reading her stories, she has plans for a lot more stories. But vampires do not seem to be a challenge any more: "I think I need a break from vampires. I really enjoyed working on my book *The Host*, doing something totally different. I have several other stories that I've been waiting to work on. At this moment, I'm torn between two, but I'm going to decide on one of them very soon."

(489 words)

Adapted from: Read On 11/2008, www.stepheniemeyer.com (25. 09. 2012)

1 desire – Begierde, Verlangen, Wunsch

A. Text-based tasks

27 pts

1. Decide whether the following statements are right or wrong.	3 pts

a) Vampires are usually very kind creatures.
b) The author's vampires do not drink human blood.
c) The idea for *Twilight* came from a song Stephenie Meyer had heard.
d) She was an English teacher in Utah.
e) She became a housewife after her third child was born.
f) Before *Twilight* the author did not write books.

2. Find information in the text about … (2 items each) (You do not have to write complete sentences.)	5 pts

a) vampires in horror stories
b) the success of Stephenie Meyer's book
c) Stephenie's way of living
d) characteristics of Stephenie Meyer's vampires
e) Stephenie Meyer's plans for her future

3. Finish the following sentences using the information from the text.	5 pts

a) Finishing the book …
b) Making up stories …
c) Thirteen publishers …
d) Stephenie Meyer's books …
e) *The Host* …

4. Answer the following questions in complete sentences using the information from the text.	8 pts

a) What did the vampire tell the young girl in Stephenie Meyer's dream?
b) Why did she wait so long to write her first story?
c) How does the author make her stories so exciting?
d) Why did she want to do something completely different after finishing the series of vampire books?

5. Ask questions.	6 pts

Stephenie Meyer has been invited to your town for a special reading session.
Ask her **four** questions about her work as an author. Use **four** different question forms.

B. Use of language

18 pts

1. Find words or expressions in the text that mean more or less the same.	3 pts

a) huge (lines 5–10)
b) continued (lines 11–16)
c) hard (lines 17–21)

2. Explain **two** of the following words in complete sentences.	4 pts

a) dream (line 11)
b) bestseller (line 24)
c) to struggle (line 27)

3. Vocabulary – Grammar	11 pts

Read the text. Find the suitable forms of the words and write them down.

What is an e-book?
Everyone ______________ about e-books at the moment. — a) talk
But what ______________ are they? — b) exact
Basically, whatever you read on a screen instead of on paper
______________ an e-book. — c) call
And of course, an e-book can be more than just text. It can also include photos, graphics and videos.
You can download e-books onto a laptop or a ______________ digital — d) person
assistant so you can read them while ______________. — e) travel
There are also portable e-book readers which are very ______________. — f) use
These e-book readers are about the same size ______________ a book. — g) ?
But you can store lots of books on them – and whatever you write can
______________ to a PC. — h) transfer
______________ on a screen all the time might get hard on the eyes, but — i) read
screens are getting ______________. — j) good
The screens of e-books give you a better picture ______________ a — k) ?
television does.

C. Creative writing — 27 pts

1. Give your opinion.	9 pts

Choose **one** of the following statements and write about 60 words.

a) A woman should stop working when she has kids.
b) Romantic books are only for girls.
c) Watching the film based on a book is better than reading the book.

Choose task 2 a) *or* 2 b). Do not work on both tasks.

2. a) Write an article.	18 pts

Your class organized last year's Halloween party at your school. After the party you write an article for your school's website in about 120 words.

2. b) Write a story.	18 pts

Start like this and write about 120 words.

After a long flight we finally arrived at our hotel. When I opened my suitcase …

D. Skills and techniques

18 pts

1. Mediation	6 pts

You are in a bookshop in London and watch a woman who has problems talking to the assistant in English. So you help her.

a) YOU: Kann ich Ihnen helfen?

WOMAN: Das ist sehr freundlich. Ich möchte meinem Enkel gerne ein Buch in englischer Sprache mitbringen.

YOU: ______________________________ 1 pt

____

b) ASSISTANT: I see. How old is her grandson and what does he like reading?

YOU: ______________________________ 1 pt

____

WOMAN: Er ist 15, und es muss etwas Spannendes sein, denn er liest nicht so gerne.

c) YOU: ______________________________ 1 pt

____

ASSISTANT: What about "Diary of a Wimpy Kid"? The book's really funny and my son liked it a lot. It's a special offer this week.

d) YOU: ______________________________ 2 pts

____

WOMAN: Ich glaube, das wäre etwas für ihn. Das nehme ich und vielen Dank für die Hilfe.

e) YOU: ______________________________ 1 pt

____

2. Pass on the information.	12 pts

Lies die folgenden Texte über Seattle und beantworte die Fragen auf Deutsch.

a) Was bietet der Markt außer Lebensmitteln? (2 Angaben) 2 pts

b) Wann ist der Markt geöffnet? 1 pt

c) Wie kommt man am besten zum Markt? (2 Angaben) 2 pts

d) Wie kommen wir auf die Besichtigungsplattform der Space Needle? 1 pt

e) Warum ist neben dem guten Essen der Besuch des SkyCity Restaurants empfehlenswert? (2 Angaben) 2 pts

f) Was kostet der Eintritt für 16-Jährige? 1 pt

g) Was kann man mit einem Day & Night Ticket machen? 2 pts

h) Wie lange sind Online Tickets gültig? 1 pt

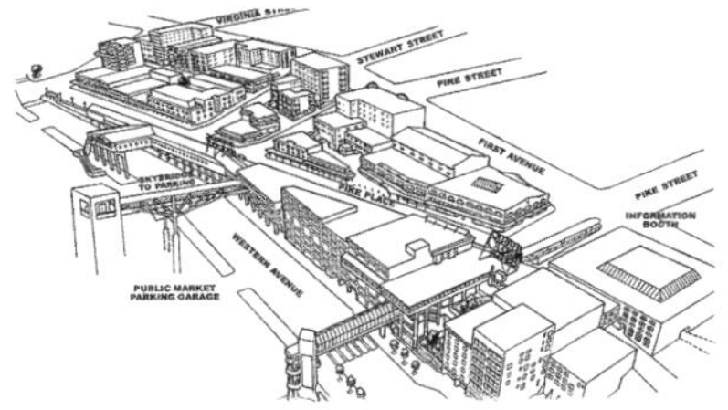

Pike Place Market

Born in 1907, Seattle's Pike Place Market is the granddaddy of farmers' markets. Today, it's a major tourist attraction with 200 businesses operating year-round, 190 craftspeople and 120 farmer booths – plus street performers and musicians. Flowers, flying fish, fruit, handmade cheeses, local honey, wine and lots of surprises are around every corner.

Winter, spring, summer and fall, Pike Place Market is open seven days a week, closing only on Thanksgiving, Christmas and New Year's Day.

Parking garages in and near the market can be filled early on busy summer days. So, if you're coming to the Market for Centennial Events this summer, consider coming early in the day. Better yet, leave the car at home and travel by bus. Another suggestion is to park near the Seattle Center and ride the Monorail downtown.

The Space Needle – Seattle's ultimate 'must see'!

You can't go to Paris without stopping by the Eiffel Tower. And you can't visit Seattle without checking out the view from the world-famous Space Needle.

A 41-second elevator ride takes you up 520 feet to the observation deck of the Space Needle, built for the 1962 World's Fair. Enjoy a meal at SkyCity, the restaurant at the top that revolves 360° while you dine. If you dine at SkyCity, a ticket is not required. Complimentary access to the Observation Deck is included with your meal.

Prices and tickets

Adult (ages 13–64):	$ 19.00
Youth (ages 4–12):	$ 12.00
Senior (ages 65 +):	$ 17.00
Child (age 3 & under):	Free
Day & Night Adult:	$ 26.00
Day & Night Youth:	$ 17.00

These tickets allow you to visit the Space Needle twice within a 24-hour period – once during the day and once at night.

All tickets purchased on this website are non-refundable and valid for one year from the time of purchase.

Lösungen

Hinweis: *Die Vielfalt in der Aufgabenstellung eines WET verlangt von dir eine große Flexibilität. Du musst dich von einer zur nächsten Aufgabe schnell umstellen können, die Arbeitsanweisungen genau lesen und am Ende alles noch einmal gut durchlesen. Die Rechtschreibung wird in allen Teilen gewertet, wobei sie in den Teilen A, B und D einen größeren Raum einnimmt als in Teil C. Bei Verstößen gegen die englische/amerikanische Rechtschreibung wird ein ganzer Punkt abgezogen, wenn der Sinn des Geschriebenen entstellt wird (z. B. bei Verwechslung von „its" und „it's"). Nicht sinnentstellende Fehler führen zum Abzug eines halben Punktes (z. B. „beautifuly" statt „beautifully"). Auch gilt in der gesamten Arbeit, dass inhaltlich oder situativ falsche Aussagen mit 0 Punkten bewertet werden. All dies soll dir zeigen, dass auch inhaltlich korrekte Antworten mit 0 Punkten bewertet werden können, wenn du mehr Fehler machst, als es Punkte gibt. Lies dir deshalb am Ende die ganze Arbeit noch einmal durch, um Leichtsinnsfehler zu vermeiden.*

A. Text-based tasks

Hinweis: *In diesem Teil der Arbeit musst du dich intensiv mit dem Text auseinandersetzen. Es wird von dir verlangt, dass du unterschiedliche Aufgabenformen bearbeitest und dafür den Text mehrmals liest. Da sich das Thema des Textes durch die gesamte Arbeit zieht, ist es ratsam, die Aufgaben in der angegebenen Reihenfolge zu bearbeiten, da du die Informationen dann weiterverwenden kannst.*

1. Decide whether the following statements are right or wrong. 3 pts

Hinweis: *Bei dieser Aufgabe sollst du entscheiden, ob die Aussagen zum Text richtig oder falsch sind. Dazu musst du den Text genau lesen, da die Sätze nicht wortwörtlich im Text zu finden sind oder manchmal nur in einem kleinen Wort verändert sind. Die falschen Aussagen musst du nicht verbessern. Obwohl du für „right" und „wrong" auch „true" oder „false" sagen kannst, solltest du bei den vorgegebenen Begriffen bleiben. Du kannst als Abkürzung aber auch nur „r" oder „w" schreiben.*

a) wrong
Hinweis: *Die Information findest du in den Zeilen 1–4: "They are […] creatures in horror stories. They suck blood with their pointed teeth, fly like bats, sleep in coffins, live forever and are usually evil."*

b) right
Hinweis: *In den Zeilen 7 und 8 steht "… they control their desires for human blood, feeding on wild animals instead".*

c) wrong
Hinweis: *Zeile 11 gibt dir die Antwort: "The idea for 'Twilight' […] came to Stephenie Meyer in a dream."*

d) wrong
Hinweis: *Die Autorin hat englische Literatur und nicht Englisch für den Lehrerberuf studiert. Die Information findest du in Zeile 18: "She had studied English literature in Utah […]"*

e) wrong
Hinweis: *Die Textstelle dazu findest du in den Zeilen 18/19: "She […] settled down to being a housewife and mother when her first child was born."*

(Bitte blättern Sie um)